अंतिम हिन्दू सम्राट पृथ्वीराज चौहान

डॉ. मोहनलाल गुप्ता

Shubhada Prakashan

शुभदा प्रकाशन, जोधपुर

अंतिम हिन्दू सम्राट पृथ्वीराज चौहान

लेखक : डॉ. मोहनलाल गुप्ता

प्रकाशक : शुभदा प्रकाशन

63, सरदार क्लब योजना

वायुसेना क्षेत्र, जोधपुर (राज.) पिन- 342011

Cellphone : 94140 76061
E-mail : mlguptapro@gmail.com
Websites : www.bharatkaitihas.com
www.rajasthanhistory.com
Google App : Rajasthan History Shubhda Prakashan
YouTube Channels : Stories From HinduDharma
Glimpse of Indian History By Dr.Mohanlal Gupta

ISBN : 978-81-952296-1-1

प्रथम संस्करण : **2022**

मूल्य : **दो सौ रुपए मात्र (RS. 200.00)**

शुभदा प्रकाशन, जोधपुर के लिए ट्राइडेण्ट एण्टरप्राइजेज, नोएडा द्वारा मुद्रित।

Antim Hindu Samrat Prithvi Raj Chouhan

Author : Dr. Mohanlal Gupta ✯ 94140 76061
Publisher : Shubhada Prakashan, Jodhpur
First Edition : 2022 ✯ **Price :** Rs. 200.00

प्राक्कथन

भारत में वैदिक काल के आगमन से बहुत पहले से ही छोटे-छोटे 'जन' आकार लेने लगे थे। 'जन' की सामाजिक व्यवस्था को चलाने के लिए 'प्रजा' एक स्थान पर एकत्रित होकर 'सभा' एवं 'समिति' जैसी संस्थाओं के माध्यम से सामूहिक निर्णय लेती थी। जन का मुखिया 'गोप' कहलाता था।

वैदिक काल में 'राजन्य-व्यवस्था' स्थापित हुई। इस व्यवस्था के अंतर्गत एक जन का नेतृत्व 'राजन्' करता था जो आगे चलकर 'राजा' कहलाया। वह भी सभा एवं समिति की सलाह लेकर काम करता था। वेदों में अनेक आर्य-राजाओं एवं उनके 'कुलों' के नाम मिलते हैं।

ईक्ष्वाकु कुल के राजा श्रीराम के समय तक उत्तर भारत में 'चक्रवर्ती राजा' की अवधारणा आकार ले चुकी थी। इस काल में चक्रवर्ती राजा के अधीन कई राजन्य होते थे तथा राजन्य के अधीन कई नंद अथवा गोप होते थे। ये नंद एवं गोप किसी जन के अधीन होते थे। राजन्य के शासक अर्थात् राजा अपना सम्बन्ध सूर्यवंश, चंद्रवंश एवं यदुवंश से जोड़ते थे।

महात्मा बुद्ध के जन्म से बहुत पहले, उत्तर भारत में 'जनपद' व्यवस्था ने जन्म लिया। यह व्यवस्था प्राचीन राजन्य व्यवस्था का बदला हुआ स्वरूप थी। इस व्यवस्था में प्रजाजन की सभा अर्थात् 'जनसभा' अत्यंत शक्तिशाली होती थी जिन्हें 'गण' कहा जाता था। 'गण' शब्द की उत्पत्ति 'जन' से हुई लगती है। इन गणों के द्वारा अपने गणपति का निर्वाचन अथवा मनोनयन किया जाता था।

बुद्ध के समय में उत्तर भारत में 'महाजनपद' अस्तित्व में आ चुके थे। बुद्ध के काल में 16 महाजनपदों का उल्लेख मिलता है। एक महाजनपद में कई जनपद होते थे। इन महाजनपदों के काल में राजा का महत्व फिर से बढ़ने लगा। महाजनपदों के शासक प्रायः शक्तिशाली क्षत्रिय राजा होते थे। धीरे-धीरे गणतंत्रात्मक शासन व्यवस्था को, इन क्षत्रियों राजाओं ने पूरी तरह राजतंत्रात्मक स्वरूप दे दिया।

पुराणों के काल में क्षत्रिय कुलों की संख्या तेजी से बढ़ी। इस कारण ऐसे राजकुल भी अस्तित्व में आने लगे जो क्षत्रिय नहीं थे। 'मौर्यों' को शूद्र; शुंगों, कण्वों

तथा सातवाहनों को ब्राह्मण एवं 'गुप्तों' को वैश्य कुलोत्पन्न माना जाता है किंतु ये सभी राजकुल भारतीय आर्य थे, इस कारण प्रजा की दृष्टि में वे उतने ही सम्माननीय थे जितने कि क्षत्रिय राजा।

प्राचीन क्षत्रियों की यह परम्परा उत्तर भारत के पुष्यभूति सम्राट हर्षवर्धन के समय तक मिलती है। इस पूरे काल में क्षत्रियों का उल्लेख मिलता है किंतु राजपूतों का उल्लेख नहीं मिलता। इस काल में राजा के पुत्र को 'राजपुत्र' कहा जाता था। संभवतः यही राजपुत्र हर्षवर्द्धन के बाद 'राजपूतों' में बदल गए।

पुराणों में आए एक आख्यान के अनुसार वसिष्ठ ऋषि ने आबू पर्वत पर एक यज्ञ किया जिसके यज्ञकुण्ड से चार वीर प्रकट हुए। इनके नाम चाहमान, प्रतिहार, परमार एवं चौलुक्य थे। इनके वंशज राजपूत कहलाए। कुछ शिलालेखों के अनुसार इन्हें अग्निवंशी क्षत्रिय कहा गया। नवीन राजपूत वंशों के साथ-साथ मौर्य, गुप्त, नाग, चावड़ा, गुहिल, यादव, राष्ट्रकूट आदि प्राचीन क्षत्रियों के वंशज भी इस काल में राजपूत कहलाने लगे। राजपूत कुलों ने लम्बे समय तक भारत के विभिन्न क्षेत्रों पर शासन किया।

ईस्वी 648 में सम्राट हर्षवर्धन की मृत्यु से लेकर ई.1206 में मुहम्मद गौरी द्वारा दिल्ली एवं अजमेर में मुस्लिम सत्ता स्थापित किए जाने तक का काल भारतीय इतिहास में 'राजपूत-काल' के नाम से प्रसिद्ध है। इस काल में उत्तर भारत में अनेक राजपूत वंशों ने अपनी सत्तायें स्थापित कीं जिनमें चौहान, चौलुक्य, गुहिल, प्रतिहार, परमार, चावड़ा, राष्ट्रकूट एवं भाटी प्रमुख थे।

इन राजपूत कुलों ने भारत की पश्चिम दिशा से आने वाले मुस्लिम आक्रांताओं से डटकर संघर्ष किया तथा छः शताब्दियों से भी अधिक समय तक उन्हें भारत में अपने पांव नहीं जमाने दिए। इन्होंने भारत माता की जो सेवा की वह अतुलनीय है। संसार के किसी भी देश में ऐसा उदाहरण देखने को नहीं मिलता, जहाँ कुछ राजवंशों ने शताब्दियों तक तलवार चलाकर अपने देश, अपनी भूमि एवं अपनी प्रजा की रक्षा की हो!

बारहवीं शताब्दी बीतते-बीतते मुस्लिम आक्रांता भारत की भूमि पर अधिकार जमाने लगे। फिर भी ये राजपूत योद्धा तलवार चलाते हुए थके नहीं। वे सिमट गए किंतु नष्ट नहीं हुए, किसी न किसी रूप में बने रहे। मुहम्मद बिन कासिम के आक्रमण से लेकर मुहम्मद गौरी के आक्रमण काल तक, दिल्ली सल्तनत के काल

से लेकर मुगलों के काल तक तथा ईस्ट इण्डिया कम्पनी से लेकर ब्रिटिश क्राउन की सत्ता के काल तक राजपूतों की तलवार अनवरत चलती रही।

यह पुस्तक चौहानवंशीय राजा पृथ्वीराज चौहान के संघर्ष पर केन्द्रित है। अजमेर के चौहानों के इतिहास में पृथ्वीराज चौहान नाम के तीन राजा हुए हैं। इनमें से प्रथम पृथ्वीराज चौहान ने ई.1105 के आसपास अजमेर तथा उसके निकटवर्ती क्षेत्र पर शासन किया। द्वितीय पृथ्वीराज चौहान ई.1168 के आसपास अजमेर, शाकम्भरी, थोड़े (जहाजपुर के निकट), मेनाल (चित्तौड़ के निकट) तथा हांसी (पंजाब में) तक विस्तृत क्षेत्र पर शासन करता था। तृतीय पृथ्वीराज चौहान ने ई. 1178 से ई.1192 तक भारत के विशाल क्षेत्र पर शासन किया। प्रस्तुत पुस्तक इसी तृतीय पृथ्वीराज चौहान पर केन्द्रित है जिसे भारत के इतिहास में **राय पिथौरा** के नाम से भी जाना जाता है।

पृथ्वीराज चौहान उत्तर भारत के विशाल मैदानों का स्वामी था। पूर्वी पंजाब से लेकर, दिल्ली, हरियाणा, राजस्थान और मध्यप्रदेश के विभिन्न भाग एवं उत्तर प्रदेश के कन्नौज तक के क्षेत्र उसके अधीन थे। उसकी राजधानी अजमेर थी तथा दिल्ली उसके अधीन थी। उसे सांभरेश्वर, सपादलक्षेश्वर तथा गुर्जरेश्वर भी कहा जाता है। ये तीनों सम्बोधन उसके राज्य-विस्तार के सूचक हैं।

सम्राट पृथ्वीराज चौहान अपने समय का दुराधर्ष योद्धा था। उसकी वीरता के किस्से सुनकर प्रत्येक भारतीय का सीना गर्व से फूल उठता है। उसके जीवन का आरम्भ और मध्य बहुत अच्छा था किंतु अंत बहुत बुरा था। मुहम्मद गौरी ने उसे सम्मुख युद्ध में न केवल पराजित किया अपितु उसे पकड़कर बंदी बनाया, उसे बुरी तरह अपमानित एवं प्रताड़ित किया, उसकी आंखें फोड़ीं तथा पीड़ादायक मृत्यु के मुख में भेज दिया। इस कारण पृथ्वीराज चौहान भारत-वासियों की दुखती रग है।

सुप्रसिद्ध इतिहासकार डॉ. दशरथ शर्मा ने पृथ्वीराज चौहान को रहस्यमय शक्तियों का स्वामी बताया है तथा अनेकानेक इतिहासकारों ने पृथ्वीराज चौहान के सम्बन्ध में बहुत सी श्रेष्ठ बातों का उल्लेख किया है।

जब कोई व्यक्ति प्रसिद्ध के शिखरों को छूता है तथा काल की सीमा को भेद कर कालजयी लोकप्रियता प्राप्त करता है तो उसके साथ अनेक अपवाद एवं काल्पनिक कथाएं भी जुड़ जाती हैं। दूसरी ओर राष्ट्र-विरोधी शक्तियाँ उस महापुरुष के विरुद्ध दुष्प्रचार करना आरम्भ कर देती हैं। इन दोनों ही कारणों से महापुरुषों का

वास्तविक इतिहास ज्ञात करना प्रायः कठिन हो जाता है। सम्राट पृथ्वीराज चौहान के साथ भी ऐसा ही हुआ है।

कुछ लोगों को पृथ्वीराज चौहान को अंतिम हिंदू सम्राट कहने पर आपत्ति होती है किंतु बारहवीं शताब्दी ईस्वी के अंत में भारत में अन्य कोई ऐसा शासक नहीं हुआ जिसके अधीन इतना विशाल क्षेत्र हो और जिसके अधीन इतने अधिक राजा हों! कुछ लोग सोलहवीं शताब्दी ईस्वी में दिल्ली के शासक हेमचन्द्र विक्रमादित्य (हेमू) को अंतिम हिन्दू सम्राट मानते हैं। निःसंदेह पृथ्वीराज चौहान की तरह महाराज हेमचन्द्र विक्रमादित्य भी भारतवासियों के लिए महानायक की तरह आदरणीय है तथा वह भी भारतीयों की दुखती हुई रग है किंतु आगरा, दिल्ली, संभल तथा ग्वालियर पर उसका शासन अत्यंत अल्पकालिक था। इसलिए पृथ्वीराज चौहान को अंतिम हिन्दू सम्राट कहना किसी भी तरह अनुचित नहीं है।

मुझे आशा है कि यह पुस्तक सम्राट पृथ्वीराज चौहान के वास्तविक, उज्जवल एवं अद्‌भुत इतिहास को भारत की युवा पीढ़ी के समक्ष लाएगी तथा उन्हें भारतीय इतिहास के गौरवमयी राष्ट्रवादी दृष्टिकोण से भी परिचित कराने में सफल होगी। शुभम्।

–डॉ. मोहनलाल गुप्ता
www.bharatkaitihas.com
www.rajasthanhistory.com

प्रिय मित्र स्वर्गीय श्री दीपक राव कुलकर्णी को!

अनुक्रमणिका

1. आबू पर्वत पर अग्नि कुण्ड से प्रकट हुए थे चौहान! 11

2. माता शाकंभरी ने चौहानों को चांदी की झील बनाकर दी! 14

3. चौहानों का सात वर्षीय राजकुमार लोत खलीफा की सेना से लड़ा! 17

4. चौहानों ने चार सौ साल तक तुर्कों को भारत में नहीं घुसने दिया! 21

5. अजमेर के राजा वीर्यराम चौहान ने महमूद गजनवी को युद्ध में घायल करके भगा दिया! 25

6. चौहानों ने हिमालय से विंध्य तक प्रदेश तुर्कों से मुक्त करवा लिया! 29

7. अर्णोराज ने हजारों तुर्कों को मारकर उनके शवों पर झील बना दी! 32

8. चौहानों और चौलुक्यों ने एक दूसरे को मारकर राष्ट्र की क्षति की! 35

9. राजा वीसलदेव चौहान ने तुर्कों को अटक नदी के पार खदेड़ दिया! 38

10. पृथ्वीराज के पिता सोमेश्वर को भाग्यवश मिला चौहानों का सिंहासन! 41

11. रानी कर्पूरदेवी ने चौहानों का राज्य संभाल लिया! 44

12. पृथ्वीराज चौहान इतिहास के रंगमंच पर भूमिका निभाने आ गया! 48

13. सोलह रानियाँ थीं सम्राट पृथ्वीराज चौहान की! 51

14. सम्राट पृथ्वीराज चौहान की रानी इच्छिनी की इतिहास कथा! 54

15. सम्राट पृथ्वीराज चौहान की रानी चंद्रावती पुण्डीर की इतिहास कथा! 56

16. सम्राट पृथ्वीराज चौहान की रानी पद्मावती की इतिहास-कथा! 59

17. यदि चौहान राज्य के नागरिकों को तंग किया तो तुझे गधे के पेट में सिलवा दूंगा! 62

18. राजा पृथ्वीराज चौहान की छाती पर गिद्ध बैठकर मांस नौंचने लगे! 65

19. राजकुमारी चंद्रावल, नौलखा हार और पारस पत्थर के लिए राजा पृथ्वीराज ने चंदेलों पर आक्रमण किया! 68

20. सम्राट पृथ्वीराज चौहान से लड़ते हुए अमर हो गए आल्हा-ऊदल! 71

21. राजा पृथ्वीराज चौहान ने राजकुमारी संयोगिता का हरण कर लिया! 74

22. भारतीय राजा आपस में लड़ रहे थे और तुर्क भारत में घुसे आ रहे थे! 77

23. गुजरात के चौलुक्यों ने मुहम्मद गौरी में कसकर मार लगाई! 80

24. पंजाब के रास्ते भारत में घुस गया मुहम्मद गौरी! 83

25. लोकसाहित्य ने पृथ्वीराज चौहान को अत्यधिक महान् बनाने के प्रयास में उसका व्यक्तित्व विरूपति किया! 86

26. गद्दार नहीं था राजा जयचंद गाहड़वाल! 89

27. मुहम्मद गौरी ने राजा पृथ्वीराज से संधि की आड़ में छल किया! 92

28. मुहम्मद गौरी ने राजा पृथ्वीराज चौहान को अंधा करके पत्थरों से उसके प्राण ले लिए! 95

29. पृथ्वीराज चौहान की पराजय से उत्तर भारत में हा-हाकार मच गया! 98

30. अजमेर के राजपूतों से गजनी ने भयानक प्रतिशोध लिया! 101

31. कुछ ही वर्षों में चौहान साम्राज्य तुर्कों के अधीन हो गया! 104

32. संदर्भ ग्रंथ 106

❑❑❑

एक

आबू पर्वत पर अग्नि कुण्ड से प्रकट हुए थे चौहान!

क्षत्रियों के राजपूतों में बदल जाने की कथा बड़ी रोचक है। भारतीय मानते हैं कि प्राचीन काल के क्षत्रिय कुल ही भारतीय इतिहास के मध्यकाल में राजपूत कहलाए। बहुत से विदेशी विद्वानों ने राजपूतों को प्राचीन क्षत्रियों की संतानें नहीं मानकर विदेशी युद्धजीवी जातियों की संतानें माना है जिनमें हूण, कुषाण, शक, सीथियन, पह्लव तथा खिजर प्रमुख हैं।

कुछ विद्वान राजपूतों को देशी क्षत्रियों तथा विदेशी युद्धजीवी जातियों का मिश्रित रक्त मानते हैं। उनके अनुसार इन राजपूत वंशों ने अपने आपको सूर्यवंशी, चंद्रवंशी एवं यदुवंशी घोषित किया जैसा कि प्राचीन भारतीय क्षत्रियों ने किया था।

बहुत से पुराणों में यह आख्यान मिलता है कि भगवान परशुराम ने 21 बार धरती से क्षत्रियों का विनाश किया। क्योंकि ये क्षत्रिय वेदमार्ग से च्युत होकर अनाचरण के मार्ग पर चल रहे थे। वस्तुतः भगवान परशुराम ने जिन क्षत्रियों का विनाश किया, वे प्राचीन धर्मनिष्ठ आर्य राजा नहीं थे, अपितु विदेशी भूमि से आक्रांताओं के रूप में आने वाले अधर्मी एवं विधर्मी क्षत्रिय थे। इन धर्मविहीन क्षत्रियों में हैहय, तालजंघ, शक, यवन, पारद काम्बोज, खस और पह्लव आदि सम्मिलित थे। इन विदेशी कुलों के क्षत्रियों ने भारत में अनेक स्थानों पर अधिकार कर लिए थे तथा आर्य-राजकुलों से उनके युद्ध चला करते थे।

भगवान परशुराम से पहले इक्ष्वाकुवंशी राजा सगर ने भी विदेशी क्षत्रियों के विरुद्ध बहुत बड़ा अभियान चलाया था। बाद में भगवान परशुराम ने इन राजाओं से अनेक लड़ाइयाँ लड़ीं तथा उन्हें पराजित किया। वस्तुतः उन्हीं लड़ाइयों के लिए पुराणों में लिखा गया है कि भगवान परशुराम ने 21 बार धरती को क्षत्रियों से विहीन किया।

कुछ पुराणों में लिखा है कि जब परशुराम ने क्षत्रियों का विनाश कर दिया तब समाज में अव्यवस्था फैल गयी तथा लोग कर्तव्यभ्रष्ट हो गये। इससे देवता बड़े दुखी हुए और उन्होंने आबू पर्वत पर एक विशाल यज्ञ का आयोजन किया। इस यज्ञ के दौरान अग्निकुण्ड से चार योद्धाओं ने जन्म लिया जिन्हें प्रतिहार, चौलुक्य,

चाहमान तथा परमार कहा गया। अग्निकुण्ड से उत्पन्न इन वीर पुरुषों को देश तथा धर्म की रक्षा की शपथ दिलवाई गई। इन्हीं चारों वीरों के वंशजों ने राजपूत वंशों की शुरुआत की।

कवि चंद बरदाई द्वारा लिखित 'पृथ्वीराज रासो' के अनुसार एक बार ऋषियों ने आबू पर्वत पर यज्ञ करना आरंभ किया तो राक्षसों ने मल-मूत्र तथा हड्डियाँ आदि अपवित्र वस्तुएं डालकर यज्ञ को भ्रष्ट करने की चेष्टा की। इस पर महर्षि वसिष्ठ ने यज्ञ की रक्षा के लिये मंत्र-सिद्धि से चार पुरुषों को उत्पन्न किया जो प्रतिहार, परमार, चौलुक्य और चौहान कहलाये।

भारत के अधिकांश लोग पृथ्वीराज रासो को पृथ्वीराज चौहान का समकालीन ग्रंथ मानते हैं जो कि नितांत भ्रम है। इन दोनों के काल में कम से कम चार सौ साल का अंतर है। पृथ्वीराज चौहान बारहवीं सदी का शासक था जबकि पृथ्वीराज रासो सोलहवीं शताब्दी ईस्वी में लिखी गई। सत्रहवीं शताब्दी ईस्वी के ख्यातकार मूथा नैणसी तथा उन्नीसवीं सदी के इतिहास-लेखक सूर्यमल्ल मिश्रण ने भी कुछ हेर-फेर के साथ पृथ्वीराज रासो के कथानक को अपने ग्रंथों में लिखा है।

बीसवीं सदी में राजस्थान के सुप्रसिद्ध इतिहासकार गौरीशंकर हीराचंद ओझा ने स्पष्ट किया है कि पृथ्वीराजा रासो सोलहवीं शताब्दी ईस्वी में लिखा गया तथा इसमें वर्णित अधिकांश घटनाएं इतिहास की कसौटी पर खरी नहीं उतरतीं। पृथ्वीराज चौहान के समय में कश्मीरी पंडित जयानक द्वारा 'पृथ्वीराज विजयम् महाकाव्य' नामक ग्रंथ की रचना की गई थी। केवल यही ग्रंथ पृथ्वीराज चौहान के समय घटित घटनाओं का सबसे प्रामाणिक ग्रंथ माना जा सकता है।

यदि हम भारतीय इतिहास के परिप्रेक्ष्य में राजपूत कुलों की उत्त्पत्ति को समझने का प्रयास करते हैं तो पाते हैं कि छठी शताब्दी ईस्वी में हूण आक्रांताओं द्वारा गुप्त वंश का विनाश कर दिए जाने से देश का बहुत सा हिस्सा विदेशी शक्तियों के हाथों में चला गया और देश में छोटे-छोटे राजकुल उत्पन्न हो गए।

गुप्तों के बाद हर्षवर्द्धन प्राचीन क्षत्रिय कुल का अकेला राजा था जिसने उत्तर भारत के विशाल क्षेत्र पर कुछ काल के लिए शासन किया। ई.648 में हर्षवर्द्धन की मृत्यु के साथ ही उसका राज्य नष्ट हो गया। अतः उत्तर भारत में छोटे-छोटे देशी एवं विदेशी राजाओं का तेजी से प्रसार हो गया।

छठी एवं सातवीं शताब्दी ईस्वी के काल में उत्तर एवं पश्चिम भारत के अधिकांश विदेशी राजा वैष्णव धर्म को नहीं मानते थे। उनमें से कुछ सूर्यपूजक,

कुछ अग्निपूजक एवं कुछ शिव पूजक थे। कालांतर में कुछ विदेशी राजा बौद्ध भी हो गए थे। इस कारण उत्तर एवं पश्चिमी भारत में विष्णुधर्म अथवा ब्राह्मण धर्म खतरे में पड़ गया। इसलिए ब्राह्मणों एवं आर्य क्षत्रियों को समाज की रक्षा की चिंता हुई और आबू पर्वत में एक सम्मेलन आयोजित करके चार आर्य वीर पुरुषों का चयन किया गया और उन्हें जिम्मेदारी दी गई कि वे भारत से विदेशी अनार्य राजाओं का शासन समाप्त करके आर्य राजकुलों की स्थापना करें तथा आर्य संस्कृति एवं धर्म को नष्ट होने से बचाएं।

पुराणों में आए आबू पर्वत के यज्ञ के वर्णन के आधार पर चारण तथा भाट चौहान, चौलुक्य, प्रतिहार एवं परमारों को अग्निवंशीय मानते हैं। पृथ्वीराज विजय, हम्मीर रासो, हम्मीर महाकाव्य आदि ग्रंथों में चौहानों को सूर्यवंशीय बताया गया है। चौहानों के एक भी शिलालेख में यह नहीं कहा गया है कि वे अग्निवंशी हैं। प्रत्येक शिलालेख में चौहानों ने स्वयं को सूर्यवंशी ही लिखा है।

डॉ. गौरीशंकर हीराचंद ओझा ने भी चौहानों को सूर्यवंशीय क्षत्रिय माना है जिन्हें गोत्रोच्चार में चंद्रवंशीय माना जाता है। डॉ. दशरथ शर्मा चौहानों को ब्राह्मणों से उत्पन्न हुआ मानते हैं। चाहमानों का एक अत्यंत प्राचीन शिलालेख राजा रायपाल के समय का मिला है। इसे सेवाड़ी अभिलेख कहते हैं। इस अभिलेख में चाहमानों को इंद्र का वंशज बताया गया है।

कुछ प्रमाणों के आधार पर चौहानों का सम्बन्ध मोरी वंश से जोड़ा जाता है जो प्राचीन मौर्य राजकुल के वंशज थे तथा चित्तौड़गढ़ के आसपास शासन करते थे।

कर्नल टॉड ने इन्हें विदेशी माना है तथा अपने कथन के समर्थन में कहा है कि चाहमानों के रस्म और रिवाज मध्य एशियाई जाति के रस्म और रिवाज जैसे हैं। डॉ. स्मिथ तथा क्रुक ने भी इसी मत को स्वीकार किया है किंतु ओझा इस मत को स्वीकार नहीं करते।

❑❑❑

दो

माता शाकंभरी ने चौहानों को चांदी की झील बनाकर दी!

बहुत सारे प्राचीन ग्रंथों में कहा गया है कि चौहानों का प्रारम्भिक राज्य राजस्थान के बीकानेर एवं नागौर क्षेत्र में था। यह रेगिस्तानी प्रदेश है तथा महाभारत काल से ही जांगल प्रदेश कहलाता था। मौर्य काल से लेकर गुप्तवंश के काल में इस क्षेत्र पर प्राचीन नागवंशी क्षत्रिय शासन करते थे। उनकी राजधानी को अहिछत्रपुर और नागौर भी कहा जाता था।

संभव है कि कोई नागवंशी राजकुमार ही आबू पर्वत के यज्ञ में चयनित चार वीरों में से एक रहा हो जिसका नाम चाहमान हो और उसका वंश चाहमान अथवा, चौहान वंश कहलाया हो एवं नागों द्वारा शासित क्षेत्र ही चौहानों का प्रारम्भिक शासन क्षेत्र बना हो। इस मत को मानने में एक कठिनाई यह है कि चौहानों के किसी भी शिलालेख में उन्होंने स्वयं को नागवंशी नहीं बताया है।

अजमेर के सरस्वती कण्ठाभरण मंदिर परिसर से चौहान शासक विग्रहराज (चतुर्थ) के समय का एक शिलालेख मिला है जो अब राजकीय संग्रहालय अजमेर में सुरक्षित है। अजमेर के सरस्वती कण्ठाभरण मंदिर को अब ढाई दिन का झौंपड़ा कहते हैं। इस शिलालेख में चौहानों के आदि पुरुष चाहमान की स्तुति की गई है तथा उसे मालव वंश में उत्पन्न बताया गया है जो कि सूर्यवंश के इक्ष्वाकु कुल में उत्पन्न भगवान राम के छोटे पुत्र कुश के वंशज थे।

मालव जाति प्रथम शताब्दी ईस्वी के अंत तक वर्तमान अजमेर जिले की सीमा पर वर्तमान जयपुर तथा टोंक नगरों के आसपास शासन करती थी। अत: पर्याप्त संभव है कि मालवों में से ही चाहमान नामक कोई राजा हुआ हो और उसके वंशजों से चौहानों की अलग शाखा चली हो।

चूंकि चौहानों ने अपने शिलालेखों में स्वयं को रघुवंशी एवं सूर्यवंशी लिखा है, इसलिए चौहानों की उत्पत्ति के सम्बन्ध में यही मत सर्वाधिक विश्वसनीय प्रतीत होता है कि वे मूलत: मालव थे।

यदि चौहानों को मालव माना जाए तो यह अनुमान लगाया जा सकता है कि आबू पर्वत के यज्ञ में जिन चार वीरों का चयन किया गया, उनमें प्राचीन मालव राजकुल का कोई वीर राजा या राजकुमार सम्मिलित हुआ होगा जिसका नाम चाहमान रहा होगा। उसके नाम पर यह वंश चौहान वंश कहलाया होगा। दक्षिण भारत को चह्वाणों (चव्हाण) के पूर्वज भी यही चौहान रहे होंगे।

यह भी पर्याप्त संभव है कि राजनीतिक उथल-पुथल के किसी काल में मालवों की एक शाखा ने ही गुप्तों के पतन के बाद बीकानेर एवं नागौर के मरुस्थलीय हिस्से पर अधिकार किया हो जिसे जांगल प्रदेश कहते थे।

ईस्वी 551 के आसपास चौहान शासक वासुदेव ने बीकानेर और नागौर के शुष्क रेतीले क्षेत्रों से आगे बढ़कर शाकंभरी नामक झील पर अधिकार कर लिया जिसे सांभर भी कहा जाता है। चौहान राजाओं के लिए यह एक बड़ी उपलब्धि थी। इस कारण उन्हें शाकंभरीश्वर तथा साम्भरेश्वर कहा जाने लगा।

सांभर झील 20 मील लम्बी तथा 2 से 7 मील चौड़ी खारे पानी की झील है जिसमें अत्यंत प्राचीन काल से नमक बनाया जाता है। इसका कुल क्षेत्रफल लगभग 90 वर्गमील है। राजशेखर (नौवीं-दसवीं शताब्दी ईस्वी) द्वारा लिखित 'प्रबंधकोष' के अनुसार चौहान शासकों में वासुदेव पहला शासक था जिसने ई.551 में सपादलक्ष (सांभर) में शासन किया।

कुछ प्राचीन ग्रंथों में आए एक वर्णन के अनुसार भगवान शिव की पत्नी पार्वती देवी ने किसी चौहान राजकुमार की सेवा से प्रसन्न होकर इस पूरे क्षेत्र की भूमि को चांदी की झील में बदल दिया। तभी से इस देवी का नाम शाकंभरी पड़ा और वह चौहानों की कुल देवी कहलाई।

बिजोलिया अभिलेख कहता है कि सपादलक्ष के चाहमानों का आदि-पुरुष वासुदेव चौहान, सांभर झील का प्रवर्तक था। वासुदेव चौहान का समय ई.551 के आसपास माना जाता है। पर्याप्त संभव है कि यह चौहानों का पहला राजा नहीं हो और चौहान राजवंश उससे पहले ही अस्तित्व में आ चुका हो क्योंकि वासुदेव तो चौहानों का वह पहला राजा था जिसने सांभर झील का प्रवर्तन किया था।

वासुदेव चौहान का पुत्र सामंतदेव हुआ। सामंतदेव का वंशज अजयराज था। अजयराज के वंशज प्रतिहार शासकों के अधीन रहकर राज्य करते थे।

बहुत से प्राचीन ग्रंथों के अनुसार चौहानों को सपादलक्ष झील के आसपास रहने वाला बताया गया है जिसका आशय सांभर झील की माप से लगाया जा सकता है। अर्थात् सौ लाख पदों के बराबर क्षेत्रफल वाली झील अथवा ऐसी ही कोई इकाई। कुछ लोग सपादलक्ष का अर्थ गांवों की संख्या से जोड़ते हैं। आज भी नागौर जिले का कुछ क्षेत्र 'श्वाळक' भूमि है जिसका आशय सवा लाख की माप से बताया जाता है। इस सवा लाख की माप का सम्बन्ध किस इकाई से था, इसके सम्बन्ध में कुछ भी स्पष्ट नहीं है।

ई.683 के आसपास अजयपाल चौहानों का राजा हुआ। उसने अजमेर नगर की स्थापना की। अपने अंतिम वर्षों में वह अपना राज्य अपने पुत्र को देकर पहाड़ियों में जाकर तपस्या करने लगा। आज भी वे पहाड़ियां अजयपाल की घाटी कहलाती हैं। अजमेर में अजयपाल की पूजा 'अजयपाल बाबा' के नाम से होती है। उसके नाम पर प्रतिवर्ष एक मेला भरता है जिसमें बड़ी संख्या में श्रद्धालु अजयपाल बाबा को श्रद्धांजलि देते हैं जहाँ राजा अजयपाल के अंतिम दिन व्यतीत हुए थे। लोगों का विश्वास है कि अजयपाल बाबा, अजमेर के भाग्य के स्वामी हैं तथा बीमारियों, सर्पों एवं जानवरों से लोगों की रक्षा करते हैं।

अजयपाल के बाद उसका पुत्र विग्रहराज (प्रथम) अजमेर का शासक हुआ। विग्रहराज (प्रथम) के बाद विग्रहराज (प्रथम) का पुत्र चंद्रराज (प्रथम), चंद्रराज (प्रथम) के बाद विग्रहराज (प्रथम) का दूसरा पुत्र गोपेन्द्रराज अजमेर का राजा हुआ। इसे गोविंदराज (प्रथम) भी कहते हैं। वह मुसलमानों से लड़ने वाला पहला चौहान राजा था। उसने मुसलमानों की सेनाओं को परास्त करके उनके सेनापति सुल्तान बेग वारिस को बंदी बनाया था।

❑❑❑

तीन

चौहानों का सात वर्षीय राजकुमार लोत खलीफा की सेना से लड़ा!

छठी शताब्दी ईस्वी के चौहान शासक वासुदेव से लेकर सातवीं शताब्दी इस्वी के चौहान राजाओं में गोविंदराज (प्रथम) पहला चौहान राजा था जिसे विदेशी आक्रांतओं से युद्ध करना पड़ा। उसने भारत पर चढ़ कर आई अरब के खलीफा की सेना से युद्ध करके उसे परास्त किया तथा उसके सेनापति सुल्तान बेग वारिस को बंदी बनाया। इस अभियान में खलीफा की सेना को अजमेर पहुंचने से पहले ही नष्ट कर दिया गया।

गोविंदराज (प्रथम) के बाद दुर्लभराज (प्रथम) अजमेर का राजा हुआ। अनेक ग्रंथों में इसे दुर्लभराय, दूल्हराय तथा दूलाराय भी कहा गया है। वह प्रतिहारों के अधीन शासन करता था। जब प्रतिहार शासक वत्सराज ने बंगाल के शासक धर्मपाल

पर चढ़ाई की तब दुर्लभराज, प्रतिहारों के सेनापति के रूप में इस युद्ध में सम्मिलित हुआ। उसने बंगाल की सेना को परास्त करके अपना झण्डा बंगाल तक लहरा दिया। दुलर्भराय का गौड़ राजपूतों से भी संघर्ष हुआ। चौहान शासक दुर्लभराज (प्रथम) पहला राजा था जिसके समय में अजमेर नगर पर मुसलमानों का सर्वप्रथम आक्रमण हुआ।

दुर्लभराय (प्रथम) एक पराक्रमी राजा था। वह बहुत कम आयु में राजगद्दी पर बैठा था किंतु चौहानों की आंतरिक कलह के कारण उसके कुल के बहुत से राजकुमार एवं सामंत राजा दुर्लभराय से रुष्ट थे। संभवतः इस कुल के कुछ अन्य राजकुमार दुर्लभराय के स्थान पर राजा बनना चाहते थे।

दुर्लभराज (प्रथम) के शासन काल में ई.724 के लगभग **खलीफा वली अब्दुल मलिक** की सेना व्यापारियों के वेष में सिंध के मार्ग से अजमेर तक चढ़ आई। मुस्लिम सेना का यह आक्रमण अत्यंत भयानक था। इस युद्ध में प्रमुख चौहान सामंतों ने राजा दुर्लभराज का साथ नहीं दिया। इस कारण दुर्लभराज के परिवार के प्रत्येक पुरुष ने युद्ध में तलवार लेकर शत्रु का सामना किया तथा चौहान रानियों ने तारागढ़ दुर्ग में जौहर का आयोजन किया।

कुछ इतिहासकारों के अनुसार अजमेर दुर्ग पर यह आक्रमण ई.724 से ई.726 के बीच, अब्दुल रहमान अल मारी के पुत्र जुनैद के नेतृत्व में हुआ जो खलीफा हाशम के अधीन सिंध का कमाण्डर था। खलीफा हाशम का काल ई.724 से ई.743 माना जाता है। इस युद्ध में राजा दुर्लभराज (प्रथम) का सात वर्षीय पुत्र लोत एक तीर लग जाने से वीर गति को प्राप्त हुआ। सात वर्ष का वह बालक शस्त्र लेकर युद्ध-भूमि में लड़ा। इस घटना ने उन चौहानों को बहुत प्रभावित किया जो अजमेर के युवा राजा दूलाराय की अवज्ञा कर रहे थे। जिस दिन राजकुमार लोत वीरगति को प्राप्त हुआ, उस दिन को पवित्र दिन माना गया तथा राजकुमार लोत की प्रतिमा बनाकर देवताओं की तरह पूजी गई। लोत का निधन ज्येष्ठ माह की द्वादशी को सोमवार के दिन हुआ।

राजा दुर्लभराज की भी युद्धक्षेत्र में ही हत्या कर दी गई। इस प्रकार चौहानों के प्रमुख दुर्ग तारागढ़ पर मुसलमानों का अधिकार हो गया। राजा दुर्लभराज का छोटा भाई माणक राय अजमेर छोड़कर सांभर भाग गया। उसने संभवतः इस युद्ध में राजा दुर्लभराज का साथ नहीं दिया था। माणकराय सांभर का राजा बन गया। उसने सांभर में शाकम्भरी देवी का मंदिर बनवाया।

इस सम्बन्ध में पृथ्वीराज रासो में एक दोहा इस प्रकार मिलता है-

सम्मत सात सौ इकतालीस मालत पाने बीस।

सांभर आया तात सरस माणक राय सर लीस।

खलीफा के गवर्नर द्वारा नासिरुद्दीन को अजमेर का शासक नियुक्त किया गया। संभवतः कुछ दिनों बाद मुसलमानों ने सांभर पर भी आक्रमण किया तथा राजा माणिकपाल भी मुसलमानों के हाथों मारा गया। कर्नल टॉड ने मुसलमानों के हाथों माणिकराय की हत्या किए जाने का उल्लेख किया है।

जब स्वर्गीय राजा दुर्लभराज (प्रथम) का पुत्र गूवक बड़ा हुआ तो उसने तारागढ़ पर आक्रमण करके नासिरुद्दीन से अजमेर छीन लिया। कर्नल जेम्स टॉड ने मुलसमानों से अजमेर लेने वाले राजा का नाम हर्षराय लिखा है। वस्तुतः हर्षराय, राजा गूवक की उपाधि थी जो उसने भगवान शिव का हर्ष मंदिर बनवाकर प्राप्त की थी।

चौहान शासक स्वयं को राय कहते थे। गूवक के पिता दुर्लभराज को दूल्हराय तथा चाचा माणिकपाल को माणिकराय कहा जाता था। इसी प्रकार पृथ्वीराज चौहान को राय पिथौरा कहा जाता था।

राजा गूवक, जालौर के प्रतिहार राजा नागभट्ट का सामंत था। एक शिलालेख में कहा गया है कि राजा दुर्लभराज के पुत्र गूवक को ई.805 में नागावलोक की सभा में सम्मनित किया गया तथा उसे वीर की उपाधि दी गई। इस नागावलोक का आशय नागभट्ट से है।

दुर्लभराय के पुत्र गूवक को इतिहास की पुस्तकों में गूवक (प्रथम) भी कहा गया है क्योंकि चौहानों के इतिहास में गूवक नाम के अन्य राजा भी हुए हैं। गूवक के काल में चौहानों की शक्ति में काफी विस्तार हुआ। उसने अपनी शक्ति के प्रतीक के रूप में भगवान शिव का एक मंदिर बनवाया जिसे हर्ष मंदिर कहा जाता था। भगवान शिव को भी हर्ष कहते हैं तथा उनके एक भैरव अवतार का नाम भी हर्ष है। भगवान हर्ष अजमेर के चौहानों द्वारा पूज्य थे।

राजा गूवक (प्रथम) ने अनंत क्षेत्र में हर्ष का मंदिर बनवाया था। इसी से उसे हर्षराय कहा जाता था। गूवक ने हर्षनाथ मंदिर बनवाया जो कई शताब्दियों तक उत्तर भारत के शिव मंदिरों में महत्वपूर्ण स्थान रखता था। इसलिए गूवक (प्रथम) को हर्षराय भी कहा गया है। हर्षनाथ भगवान शिव के भैरव अवतार माने जाते हैं जो

कि चौहानों द्वारा पूज्य थे। यह मंदिर इतना महत्वपूर्ण था कि जिन पहाड़ियों पर यह मंदिर स्थित है, उन्हें हर्ष की पहाड़ियां कहा जाता है।

इस मंदिर से चौहान शासकों के कुछ शिलालेख मिले हैं जिनसे चौहानों के वीर राजवंश की उपलब्धियों की जानकारी मिलती है। वर्तमान में इस मंदिर के खण्डहर राजस्थान के सीकर जिले में स्थित हैं। मंदिर से प्राप्त सबसे पुराना अभिलेख ई.956 का है जिसमें तत्कालीन चौहान शासक विग्रहराज का नाम अंकित है। इस मंदिर की मूर्तियां इस पहाड़ी पर बिखरी पड़ी हैं जो चौहानों के बीते हुए काल के वैभव की कहानी कहती हैं।

ई.813 से 833 तक अब्बासिया खानदान का अलमामूं बगदाद का खलीफा हुआ। उसने अपनी सेनाएं भारत पर आक्रमण करने के लिए भेजीं। इस सेना ने चित्तौड़ पर भी आक्रमण किया। उस समय चित्तौड़ पर गुहिल वंशी राजा खुंमाण (द्वितीय) का शासन था। राजा खुमांण ने भारत भर के राजाओं को आमंत्रित किया ताकि सभी आर्य राजा मिलकर म्लेच्छ सेनाओं का प्रतिरोध कर सकें।

राजा खुंमाण की सहायता के लिये काश्मीर से सेतुबंध तक के अनेक राजा चित्तौड़ आये। पुरानी ख्यातों में अजमेर से गौड़ों का तथा तारागढ़ से रैवरों का खुमाण की सहायता के लिये आना लिखा है। अनुमान होता है कि अजमेर से जो सेना खुंमाण की सहायता के लिए भेजी गई, उसका नेतृत्व चौहानों के किसी गौड़ सामंत ने किया होगा।

यद्यपि प्राचीन ख्यातों में खुमांण की सहायता के लिए आने वालों में चौहानों का नाम नहीं मिलता है तथापि चूंकि चौहानों से खलीफाओं की पुरानी शत्रुता चल रही थी, तथा खलीफा के मुस्लिम सेनापतियों ने कुछ समय तक अजमेर पर अधिकार भी रखा था, इसलिए यह अनुमान लगाया जा सकता है कि चौहानों की सेनाओं ने भी इस युद्ध में राजा खुमांण की सहायता की होगी। भले ही यह सहायता अजमेर से भेजी गई गौड़ सेना के रूप में रही हो!

❑❑❑

चार

चौहानों ने चार सौ साल तक तुर्कों को भारत में नहीं घुसने दिया!

चौहान शासक गूवक (प्रथम) के बाद उसका पुत्र चंद्रराज (द्वितीय) अजमेर का शासक हुआ। उसके बाद गूवक (द्वितीय) अजमेर का राजा हुआ। इस काल तक चौहानों की प्रतिष्ठा इतनी बढ़ गई थी कि गूवक (द्वितीय) की बहिन कलावती का विवाह प्रतिहार शासक भोज (प्रथम) के साथ हुआ।

गूवक (द्वितीय) के बाद चंदनराज अजमेर की गद्दी पर बैठा। चंदनराज ने दिल्ली के निकट तंवरावटी पर आक्रमण किया तथा तंवरावटी के तोमर राजा रुद्रेन अथवा रुद्रपाल का वध कर दिया। तब से दिल्ली के तोमर शासक, अजमेर के चौहानों के अधीन सामंत हो गए।

हर्षनाथ मंदिर से मिले एक लेख के अनुसार चौहान नरेश चंदनराज की रानी रुद्राणी जिसे आत्मप्रभा भी कहते हैं, यौगिक क्रिया में निपुण थी और बड़ी शिवभक्त थी। वह पुष्कर में प्रतिदिन एक हजार दीपक अपने इष्ट महादेव को अर्पित करती थी। इस शिलालेख से इस बात का अनुमान सहज ही लगाया जा सकता है कि इस काल में पुष्कर की झील चौहानों के अधिकार में थी। इस प्रकार इस काल में चौहानों के अधिकार में कम से कम चार बड़ी झीलें थी जिनमें से लूणकरणसर, डीडवाना तथा सांभर की झीलें खारे पानी की थीं जिनसे नमक बनता था। पुष्कर की झील मीठे पानी की थी तथा इस पर अधिकार होना बड़े गर्व की बात थी। पुष्कर को अत्यंत प्राचीन काल से भारत के समस्त तीर्थों का प्रमुख माना जाता है।

पृथ्वीराज विजय के अनुसार चंदनराज का उत्तराधिकारी वाक्‌पतिराज (प्रथम) हुआ जिसे बप्पराज भी कहा जाता है। हर्षनाथ लेख में उसे महाराज कहा गया है जो उसकी राजनीतिक स्थिति का सूचक है। जब राष्ट्रकूटों ने प्रतिहारों को जर्जर कर दिया तो ग्यारहवीं शताब्दी ईस्वी में वाक्‌पतिराज चौहान ने प्रतिहारों को परास्त करके उनके कई क्षेत्र अपने राज्य में मिला लिये। इस कारण उसके राज्य की दक्षिणी सीमा विंध्याचल पर्वत तक जा पहुँची।

वाक्पतिराज (प्रथम) महान योद्धा था। उसने 188 युद्ध जीते। इन विजयों के कारण वाक्पतिराज (प्रथम) का राज्य अत्यंत समृद्ध हो गया था। राजा तंत्रपाल ने वाक्पतिराज पर आक्रमण किया किंतु तंत्रपाल बुरी तरह परास्त हुआ। वाक्पतिराज के तीन पुत्र थे। सिंहराज, लक्ष्मणराज तथा वत्सराज। वाक्पतिराज की मृत्यु के बाद ई.950 में सिंहराज उसका उत्तराधिकारी हुआ। लक्ष्मणराज नाडौल के पृथक राज्य का स्वामी हुआ जिसे लखनसी भी कहते थे।

सिंहराज महान राजा हुआ। उसके काल में तोमरों ने राजा लवण की सहायता से सिंहराज के राज्य पर आक्रमण किया किंतु तोमर पराजित हो गये। राजा लवण को प्राचीन पुस्तकों में सलबन भी लिखा गया है। सिंहराज ने राजा लवण को बंदी बना लिया। इस पर प्रतिहार शासक स्वयं चलकर सिंहराज के पास आया और उसने सिंहराज से प्रार्थना करके लवण को मुक्त करवाया।

सिंहराज के बारे में कहा जाता है कि उसकी कैद में उतनी ही रानियां थीं जितनी उसके महल में थीं। इस उक्ति का आशय इस बात से है कि सिंहराज ने बड़ी संख्या में शत्रु राजाओं को मारकर उनकी रानियों को बंदी बना लिया था।

सिंहराज अपनी उदारता के लिये भी उतना ही प्रसिद्ध था जितना कि सैन्य अभियानों के लिये। हम्मीर महाकाव्य कहता है कि जब उसके अभियान का डंका

बजता तो कर्नाटक का राजा उसकी चापलूसी करने लगता। माही एवं नर्बदा के बीच स्थित दोआब क्षेत्र में स्थित लाट का राजा अपने दरवाजे उसके लिये खोल देता। तमिल प्रदेश का चोल नरेश कांपने लगता, गुजरात का राजा अपना सिर खो देता तथा बंगाल में स्थित अंग के राजा का हृदय डूब जाता।

इस कथन से यह आशय निकाला जा सकता है कि सिंहराज चौहान का राज्य काफी दूर-दूर तक फैल गया था जिसके कारण चौहानों के पुराने स्वामी अर्थात् प्रतिहार काफी सिमट चुके थे।

राजा सिंहराज लगातार मुसलमानों से लड़ता रहा। एक युद्ध में उसने मुसलमानों के सेनापति हातिम का वध किया तथा उसके हाथियों को पकड़ लिया। एक अन्य अवसर पर उसने, सुल्तान हाजीउद्दीन के नेतृत्व में अजमेर से 25 किलोमीटर दूर जेठाना तक आ पहुँची मुस्लिम सेना को खदेड़ दिया। सिंहराज ई.956 तक जीवित रहा। हर्ष अभिलेख के अनुसार हर्ष मंदिर का निर्माण उसके काल में ही पूरा हुआ। इस अभिलेख में चौहानों की तब तक की वंशावली दी गई है।

सिंहराज के बाद उसका पुत्र विग्रहराज (द्वितीय) चौहानों की गद्दी पर बैठा। विग्रहराज (द्वितीय) भी अपने पिता सिंहराज की तरह प्रतापी शासक हुआ। शक्राई लेख में उसे महाराजाधिराज लिखा गया है। उसने अपने राज्य का बड़ा विस्तार किया।

अजमेर का राज्य प्राचीन काल से सपादलक्ष (अर्थात् एक लाख तथा चौथाई लाख) कहलाता था। इससे अर्थ यह लिया जाता है कि अजमेर राज्य में सवा लाख नगर एवं गांव थे। सम्पूर्ण पूर्व एवं दक्षिणी राजपूताना, मारवाड़ का काफी बड़ा हिस्सा तथा उत्तर में भटनेर तक का क्षेत्र इस राज्य में सम्मिलित था। संस्कृत का सपादलक्ष ही हिन्दी भाषा में श्वाळक (सवा लाख) बन गया जिसमें नागौर, अजमेर तथा सांभर आते थे। विग्रहराज (द्वितीय) ने प्रतिहारों की अधीनता त्याग दी और पूर्ण रूप से स्वतंत्र हो गया।

विग्रहराज (द्वितीय) ने ई.973 से ई.996 के बीच की अवधि में गुजरात पर आक्रमण किया। गुजरात का शासक मूलराज सोलंकी (चौलुक्य) अपनी राजधानी खाली करके कच्छ में भाग गया। इस पर विग्रहराज अपनी राजधानी अजमेर लौट आया। उसने दक्षिण में अपना राज्य नर्बदा तक बढ़ा लिया। उसने भरूच में आशापूर्णा देवी का मंदिर बनवाया। आशापूर्णा चौहानों की पूज्य देवी है जिसके मंदिर आज भी गुजरात एवं राजस्थान में मिलते हैं।

हम्मीर महाकाव्य के अनुसार विग्रहराज (द्वितीय) ने गुजरात के राजा मूलराज का वध किया। यहाँ से चौहानों तथा चौलुक्यों का संघर्ष आरंभ हुआ जिसका लाभ अफगानियों ने उठाया। विग्रहराज (द्वितीय) के बाद दुर्लभराज (द्वितीय) तथा उसके बाद गोविंदराज (द्वितीय) अजमेर के शासक हुए।

ई.1008 में जब अफगानी आक्रांता महमूद गजनवी ने पंजाब के हिंदूशाही राज्य के शासक आनंदपाल पर आक्रमण किया तब उज्जैन, कलिंजर, ग्वालियर, कन्नौज, दिल्ली तथा अजमेर के राजाओं ने एक संधि की तथा मुस्लिम आक्रमणों के विरुद्ध एक संघ बनाया। राजा आनंदपाल की सहायता के लिये हिन्दू औरतों ने अपने आभूषण गलाकर बेच दिये तथा उससे प्राप्त धन इस संघ की सहायता के लिये भेजा। दुर्भाग्य से राजा आनंदपाल महमूद गजनवी से परास्त हो गया तथा हिन्दू राजाओं का संघ बिखर गया।

इसके कुछ वर्ष बाद महमूद गजनवी ने अजमेर राज्य पर आक्रमण किया। अजमेर के शासक गोविंदराज (द्वितीय) ने महमूद गजनवी को बुरी तरह परास्त किया। पृथ्वीराज विजय में लिखा है कि गोविंदराज को वैरीघट्ट की उपाधि दी गयी थी। अर्थात् राजा गोविंदराज अपने शत्रुओं के लिए उस चक्की के समान सिद्ध हुआ जिसने शत्रु सेनाओं को अनाज की तरह पीस दिया।

इस प्रकार अजमेर के चौहानों ने सातवीं शताब्दी से लेकर ग्यारहवीं शताब्दी के प्रारम्भ तक अरब एवं अफागानी आक्रांताओं से डट कर लोहा लिया। इस काल में चौहान इतने शक्तिशाली हो गए थे कि न तो भारत के हिन्दू शासक और न अरब और अफगान के मुस्लिम आक्रांता ही चौहानों के समक्ष टिक पाते थे। फिर भी भारत पर दुर्भाग्य की काली आंधी गहराती जा रही थी और कोई भी हिन्दू राजा उसके खतरे को गंभीरता से नहीं ले रहा था।!

❑❑❑

पाँच

अजमेर के राजा वीर्यराम चौहान ने महमूद गजनवी को युद्ध में घायल करके भगा दिया!

जब विश्व के इतिहास में ग्यारहवीं शताब्दी आरम्भ हुई तब भारत के इतिहास में एक काला अध्याय आरम्भ हुआ। इस समय तक अरब में इस्लाम का उदय होने को साढ़े तीन सौ साल बीत चुके थे तथा मध्य एशिया के तुर्क जो कुछ समय पहले तक इस्लाम के कट्टर शत्रु थे, अब इस्लाम के अनुयाई होकर इस्लाम को भारत में फैलाने के लिए आतुर थे। तुर्कों से पहले अरबवासियों ने भी ऐसा ही किया था और तुर्कों के बाद तातार, हब्शी एवं मंगोल आदि भी यही करने वाले थे। अर्थात् इस्लाम का प्रादुर्भाव होने के बाद कुछ सौ साल तक अरब, तुर्क, तातार, हब्शी एवं मंगोल इस्लाम के शत्रु थे किंतु एक-एक करके वे इस्लाम के हाथों पराजित होते चले गए और इस्लाम के प्रसारक बनते चले गए।

भारत की पश्चिमोत्तर सीमा पर स्थित अफगानिस्तान में गजनी एवं गोर नामक छोटे राज्यों के तुर्क स्वामी महमूद गजनवी ने ई.1000 में बगदाद के खलीफा से अनुमति लेकर भारत पर इस्लामिक आक्रमण करने आरम्भ किए। उसने खलीफा को वचन दिया था कि यदि खलीफा महमूद को गजनी एवं गोर का सुल्तान मान ले तो जब तक महमूद सुल्तान रहेगा, तब तक वह हर साल भारत पर आक्रमण करके इस्लाम का प्रसार करेगा!

महमूद गजनवी ई.1000 से ई.1027 तक भारत पर लगातार आक्रमण करता रहा। उसने ई.1000 में भारत के सीमावर्ती प्रदेश पर, ई.1001 में पंजाब के हिन्दूशाही शासक जयपाल पर, ईस्वी 1003 में झेलम के किनारे पर स्थित भेरा राज्य पर, ई.1005 में मुल्तान पर, ई.1007 में पुनः मुल्तान पर, ई.1008 में पंजाब एवं नगरकोट पर, ई.1009 में अलवर के निकट नरैणा पर, ईस्वी 1011 में मुल्तान पर, ई.1013 में पंजाब तथा काश्मीर पर, ई.1014 में हर्षवर्द्धन की पुरानी राजधानी थानेश्वर पर, ई.1015 में काश्मीर पर, ई.1018 में मथुरा तथा कन्नौज पर, ई.1019 में कालिंजर पर, ई.1020 में पुनः पंजाब पर, ई.1022 में एक बार पुनः ग्वालियर तथा कालिंजर पर आक्रमण किया।

इन आक्रमणों के दौरान महमूद गजनवी ने भारत के हजारों निर्दोष नागरिकों को मार डाला, कई लाख स्त्री-पुरुषों एवं बच्चों को पकड़कर ले गया और उन्हें मध्य एशिया के बाजारों में गुलामों के रूप में बेच डाला। उसने सैंकड़ों भव्य मंदिरों को तोड़ डाला और मथुरा, कन्नौज नगरकोट एवं सोमनाथ जैसे विश्वप्रसिद्ध मंदिरों को लूटकर अरबों रुपए की विशाल सम्पदा, सोना, चांदी, हीरे-जवाहरात, हाथी, घोड़े, देवदासियाँ आदि लूटकर ले गया।

महमूद गजनवी हिन्दू धर्म को अपमानित करने के प्रति इतना दुराग्रही था कि वह भारतीय मंदिरों से तोड़े गए शिवलिंगों एवं देवविग्रहों के टुकड़ों को हाथियों के पैरों से बंधवाकर घसीटता हुआ गजनी ले गया और वहाँ ले जाकर मस्जिदों के दरवाजों एवं रास्तों में डलवा दिया।

महमूद गजनवी पिछले चौबीस सालों से भारत पर आक्रमण करता एवं भारत के मंदिरों को लूटता फिर रहा था फिर भी भारत के हिन्दू शासकों को परस्पर युद्धों से ही होश नहीं था। अजमेर के चौहान और मेवाड़ के गुहिल आपस में वर्चस्व की लड़ाई लड़ रहे थे। चौहान और चौलुक्य अलग शत्रु हुए बैठे थे। प्रतिहारों और चौहानों के युद्ध भी कई शताब्दियों से चल रहे थे।

इस काल में भारत में छोटे-छोटे सैंकड़ों राज्य थे। इनके राजा अपने-अपने राज्य का विस्तार करने के लिए एक दूसरे से लड़ते रहते थे। इस कारण बहुत से राजवंशों में मन-मुटाव एवं ईर्ष्या-द्वेष स्थायी भाव ले चुका था।

गुर्जर-प्रतिहार, पाल तथा राष्ट्रकूट राजा तो पिछले सवा दो सौ साल से आपस में लड़ कर एक-दूसरे को नष्ट करने में लगे थे रहे जिसके कारण भारत में वीर सैनिकों का अभाव हो गया था। गुर्जर-प्रतिहार, पाल तथा राष्ट्रकूट राजाओं के ये

युद्ध तभी समाप्त हुए जब महमूद गजनवी ने भारत पर लगातार आक्रमण करके इन तीनों राजाओं को पूरी तरह कुचल नहीं दिया।

भारतीय राजाओं की हालत यहाँ तक खराब थी कि जब ईस्वी 1018 में महमूद गजनवी ने कन्नौज के प्रतिहार राजा राज्यपाल को परास्त कर दिया तथा राज्यपाल ने महमूद की अधीनता स्वीकार कर ली तो चंदेल राजा गण्ड ने राज्यपाल पर आक्रमण करके उसे दण्डित किया तथा प्रतिहार राजा राज्यपाल को जान से मार डाला।

जब महमूद गजनवी को यह बात ज्ञात हुई तो उसने चंदेल राजा गण्ड पर आक्रमण करके उससे अपनी अधीनता स्वीकार करवाई। इस प्रकार इस काल के आते-आते अधिकांश भारतीय राजा इतने कमजोर हो गये कि उनमें परस्पर लड़ने की भी शक्ति नहीं रही और वे महमूद गजनवी द्वारा आसानी से पददलित किए गए।

यह एक आश्चर्य की ही बात थी कि पूरे 27 साल की अवधि में महमूद गजननवी जिस किसी हिन्दू राजा पर अथवा उसके क्षेत्र में स्थित मंदिर पर आक्रमण करता, उस क्षेत्र का राजा अपने स्तर पर महमूद गजनवी से युद्ध करता था। केवल ई.1008 में भारत के हिन्दू राजाओं ने अफगान आक्रांता महमूद गजनवी के विरुद्ध

एक संघ बनाया था जो कि पराजित होकर बिखर गया। इसके बाद भी अलग-अलग राजाओं द्वारा मुस्लिम आक्रांताओं के विरुद्ध संघ बनाने के कुछ प्रयास हुए किंतु उनमें से अधिकांश संघों को या तो बिल्कुल भी सफलता नहीं मिली या फिर बहुत सीमित सफलता ही हाथ लगी।

ई.1008 में महमूद महमूद गजनवी ने हिन्दूशाही राज्य के राजा जयपाल को बंदी बना लिया। राजा जयपाल ने गजनवी को विपुल धन अर्पित करके स्वयं को मुक्त करवाया तथा ग्लानिवश जीवित ही अग्नि में प्रवेश कर गया। तब से लेकर ई. 1024 में अजमेर पर आक्रमण करने तक महमूद गजनवी को कोई भी भारतीय राजा परास्त नहीं कर सका। कुछ पुस्तकों में उल्लेख है कि अजमेर के शासक गोविंदराज (द्वितीय) ने भी एक बार महमूद गजनवी की सेना को परास्त किया किंतु इस युद्ध की तिथि एवं विवरण प्राप्त नहीं होता है।

गोविंदराज चौहान (द्वितीय) का उत्तराधिकारी उसका पुत्र वाक्पतिराज चौहान (द्वितीय) हुआ। उसने मेवाड़ के गुहिल शासक अम्बाप्रसाद का वध किया। वाक्पतिराज (द्वितीय) के बाद वीर्यराम चौहान अजमेर का राजा हुआ।

ई.1024 में महमूद गजनवी ने अजमेर पर आक्रमण किया तथा गढ़ बीठली (तारागढ़) को घेर लिया तो अजमेर के चौहान शासक वीर्यराम ने महमूद गजनवी की सेना में भीषण मार लगाई। स्वयं महमूद को तलवार लेकर युद्ध के मैदान में आना पड़ा किंतु वह भी घायल हो गया और प्राण बचाकर अन्हिलवाड़ा की तरफ भाग गया।

इस प्रकार महमूद गजनवी भारत को लूटता फिर रहा था और भारत के राजा परस्पर शत्रुता में उलझे हुए थे। वे न केवल अपनी हानि कर रहे थे अपितु राष्ट्रशक्ति को भी क्षीण कर रहे थे। यहाँ तक कि ई.1025 में महमूद गजनवी ने सोमनाथ का मंदिर लूट लिया। उसने हजारों ब्राह्मणों एवं गायों की हत्या की तथा वह हजारों नर-नारियों को पकड़कर गजनी ले गया। उसने सोमनाथ का शिवलिंग भंग करके हाथी के पैरों में बंधवा दिया तथा गजनी में ले जाकर फिंकवा दिया।

जब महमूद गजनवी वापस गजनी जा रहा था तब थार रेगिस्तान में रहने वाले जाटों ने महमूद का मार्ग रोककर उसे लूटा किंतु महमूद ने दो साल बाद पुनः लौट कर जाटों को दण्डित किया। कोई हिन्दू शासक, सिंध क्षेत्र के जाटों की सहायता के लिए आगे नहीं आया।

❑❑❑

छः

चौहानों ने हिमालय से विंध्य तक का प्रदेश तुर्कों से मुक्त करवा लिया!

महमूद गजनवी को परास्त करने वाले अजमेर के चौहान शासक वीर्यराम की मृत्यु के बाद उसका पुत्र चामुण्डराय चौहान उसका उत्तराधिकारी हुआ। चामुण्डराय ने भी अपने पूर्वजों के कार्य को बड़े उत्साह से जारी रखा तथा अफगान आक्रांताओं के सेनापति हेजामुद्दीन को पकड़ लिया। चामुण्डराय के बाद सिंहट और सिंहट के बाद दुर्लभराज चौहान (तृतीय) अजमेर के शासक हुए।

दुर्लभराज (तृतीय) ई.1075 में चौहानों के सिंहासन पर बैठा जिसे दूसल भी कहते हैं। उसने तुर्क सेनापति शहाबुद्दीन को परास्त किया। ई.1080 में मेवात के शासक महेश ने दुर्लभराज (तृतीय) की अधीनता स्वीकार की। ई.1091 में दुर्लभराज ने गुजरात पर आक्रमण किया तथा वहाँ के चौलुक्य राजा कर्ण को मार डाला ताकि मालवा का शासक उदयादित्य, गुजरात पर अधिकार कर सके।

इधर तो चौहानों और चौलुक्यों का मनोमालिन्य अपने चरम पर था और उधर चौहानों तथा मेवाड़ के गुहिलों में भी बुरी तरह ठनी हुई थी। मेवाड़ के गुहिल शासक वैरिसिंह ने चौहान शासक दुर्लभराज (तृतीय) को कुंवारिया में हुए युद्ध में मार डाला।

दुर्लभराज (तृतीय) का उत्तराधिकारी विग्रहराज (तृतीय) हुआ जिसे वीसल भी कहते हैं। पृथ्वीराज रासो के अनुसार वीसल के सिंहासन पर बैठने के कुछ समय बाद गजनी के शासक की तरफ से अजमेर के शासक से कर तथा वफादारी की शपथ मांगी गई। शाकम्भरी के स्वामी ने गजनी की अधीनता स्वीकार करने तथा उसे कर देने से मना कर दिया और युद्ध की तैयारी करने लगा। वीसल ने अपने सामन्तों को सेनाएं लेकर आने के आदेश भिजवाए। इस पर ठट्ठ और मुलतान के सरदारों के साथ मण्डोर और भटनेर के सैन्य समूह भी चौहान शासक की अधीनता में लड़ने के लिए आये।

पृथ्वीराज विजय के अनुसार राजा विग्रहराज (तृतीय) ने मुस्लिम आक्रांताओं के विरुद्ध एक संघ बनाया। गंगा और यमुना के बीच अंतरप्रदेश के सैनिक तथा समस्त राजपूत शाखाएं विग्रहराज के झण्डे के नीचे एकत्रित हुईं। विग्रहराज के नेतृत्व में भारतीय राजाओं ने मिलकर हांसी, थाणेश्वर और नगरकोट से मुस्लिम गवर्नरों को मार भगाया।

इस विजय के बाद इस संघ के राजाओं की ओर से विग्रहराज ने दिल्ली में एक स्तम्भ लेख लगावाया। इस स्तम्भ लेख में लिखा है कि विन्ध्य से हिमालय तक म्लेच्छों को निकाल बाहर किया गया जिससे आयावर्त एक बार फिर से पुण्यभूमि बन गया।

पृथ्वीराज रासो के अनुसार अन्हिलवाड़ा पाटन के चौलुक्य राजा ने, विग्रहराज द्वारा निर्मित राजाओं के संघ में सम्मिलित होने से मना कर दिया। इसलिये विग्रहराज (तृतीय) ने अन्हिलवाड़ा पाटन पर आक्रमण की तैयारी की। इस पर अन्हिलवाड़ा पाटन का चौलुक्य राजा कर्ण भी अजमेर पर आक्रमण करने के लिये चल पड़ा।

मारवाड़ में सोजत के निकट दोनों राजाओं में युद्ध हुआ। चौलुक्य राजा कर्ण परास्त होकर जालोर की तरफ भाग गया। इस पर भी विग्रहराज ने उसका पीछा नहीं छोड़ा तो चौलुक्य राजा कर्ण गिरनार भाग गया। जब विग्रहराज को लगा कि कर्ण उसे मुंह नहीं दिखाना चाहता तो विग्रहराज उसका पीछा छोड़कर अजमेर लौट आया।

कुछ समय पश्चात् कर्ण ने अपनी सेना दुबारा से खड़ी कर ली और विग्रहराज को संदेश भेजा कि वह विग्रहराज के बराबर है तथा 'कर' के रूप में विग्रहराज को तलवार के टुकड़े देने को तैयार है, यदि विग्रहराज ले सके तो ले ले।

इस पर विग्रहराज ने गुजरात से लाये गये बंदियों को मुक्त कर दिया तथा स्वयं फिर से सेना सजा कर गुजरात पर चढ़ बैठा। उसने अपनी सेना को एक वृत्ताकार क्रम में जमाया तथा पहले ही धावे में 2000 चौलुक्यों को मार डाला।

उसके अगले दिन दोनों पक्षों में संधि हुई। कर्ण ने अपनी पुत्री का विवाह विग्रहराज के साथ कर दिया। विग्रहराज ने विजय स्थल पर अपने नाम से वीसलनगर नामक नगर की स्थापना की। यह नगर आज भी विद्यमान है।

वीसलदेव का उत्तराधिकारी पृथ्वीराज (प्रथम) हुआ। उसके समय में चौलुक्यों की सेना पुष्कर को लूटने आई। इस पर पृथ्वीराज (प्रथम) ने चौलुक्यों पर आक्रमण

करके 500 चौलुक्यों को मार डाला। उसने सोमनाथ के मार्ग में एक भिक्षागृह बनवाया। कोई भी व्यक्ति यहाँ से भोजन प्राप्त कर सकता था। शेखावटी क्षेत्र में स्थित जीणमाता मंदिर में लगे वि.सं.1162 (ई.1105) के अभिलेख में अजमेर के राजा पृथ्वीराज चौहान (प्रथम) का उल्लेख है।

पृथ्वीराज (प्रथम) के बाद अजयदेव अजमेर का राजा हुआ जिसे अजयराज एवं अजयपाल भी कहा जाता है। अधिकांश इतिहासकारों के अनुसार अजयराज ने ई.1113 के लगभग अजमेर को अपनी राजधानी बनाया किंतु यह बात सही नहीं है क्योंकि अजमेर तो सातवीं शताब्दी ईस्वी से ही चौहानों की राजधानी था।

अजयराज ने चांदी तथा ताम्बे के सिक्के चलाये। उसके कुछ सिक्कों पर उसकी रानी सोमलवती का नाम भी अंकित है। अजयराज स्वयं तो शैवधर्म का उपासक था किंतु वह अन्य धर्मों के प्रति भी धर्म-सहिष्णु था। उसने जैन और वैष्णव धर्मावलम्बियों को सम्मान की दृष्टि से देखा। उसने जैनों को अजमेर में मंदिर बनाने की अनुमति प्रदान की और पार्श्वनाथ के मंदिर के लिये सुवर्ण कलश प्रदान किया। राजा अजयराज ने दिगम्बर जैनों और श्वेताम्बर जैनों के बीच हुए शास्त्रार्थ की अध्यक्षता की। यह इस बात का प्रमाण है कि राजा अजयराज दोनों मतावलम्बियों का विश्वास-भाजन था और उनके शास्त्रों का मर्मज्ञ था।

पृथ्वीराज विजय के अनुसार अजयदेव ने संसार को सिक्कों से भर दिया। उसकी रानी सोमलदेवी नये सिक्कों की डिजाइन बनाने में रुचि रखती थी। ई.1123 में राजा अजयदेव चौहान ने मालवा के मुख्य सेनापति साल्हण को पकड़ लिया। उसने अजमेर पर चढ़कर आये मुस्लिम आक्रांताओं को परास्त कर उनका बड़ी संख्या में संहार किया। अजयराज ने चाचिक, सिंधुल तथा यशोराज पर विजय प्राप्त की तथा उन्हें मार डाला। वह मालवा के राजा नरवर्मन को परास्त करके उसके प्रधान सेनापति सल्हण को पकड़ कर अजमेर ले आया तथा उसे एक मजबूत दुर्ग में बंद कर दिया।

राजा अजयराज ने तुर्कों को परास्त करके बड़ी संख्या में उनका वध किया। उसने उज्जैन तक का क्षेत्र जीत लिया। अजयराज को अजयराज चक्री भी कहते थे क्योंकि उसने चक्र की तरह, दूर-दूर तक बिखरे हुए शत्रुदल को युद्ध में जीता था। अर्थात् वह चक्रवर्ती विजेता था। ई.1130 से पहले किसी समय अजयराज अपने पुत्र अर्णोराज को राज्य का भार देकर पुष्करारण्य में जा रहा। राजा अजयराज ई.1140 तक जीवित रहा।

❑❑❑

सात

अर्णोराज ने हजारों तुर्कों को मारकर उनके शवों पर झील बना दी!

राजा अजयदेव चौहान के बाद उसका पुत्र अर्णोराज अजमेर का स्वामी हुआ। अर्णोराज को आनाजी भी कहते हैं। अर्णोराज ई.1133 के आसपास चौहानों के सिंहासन पर बैठा तथा ई.1155 तक शासन करता रहा। वह भी अपने पूर्वजों की भांति शक्तिशाली शासक हुआ। उसने महाराजाधिराज परमेश्वर तथा परम भट्टारक महाराजाधिराज की उपाधियां धारण कीं।

ई.1158 के नरहड़ लेख में विग्रहराज (चतुर्थ) के नाम के आगे परमभट्टारक महाराजाधिराज परमेश्वर श्रीमद्, तथा नाम के पीछे देवराज्ये उपाधियाँ अंकित की गई हैं। ये उपाधियां चौहानों द्वारा प्रतिहारों से छीनी गई थीं। इन उपाधियों से यह भी

ज्ञात होता है कि इस काल में चौहान अपने विशाल साम्राज्य के सम्पूर्णप्रभुत्व सम्पन्न शासक थे।

वस्तुतः भारतीय इतिहास में महाराजाधिराज तथा परमभट्टारक की उपाधियां सबसे पहले गुप्त शासकों ने धारण की थीं। गुप्तों की सत्ता बिखर जाने के बाद प्रतिहार शासकों ने गुप्तों की उपाधियों के साथ-साथ परमेश्वर की उपाधि भी धारण की। उस समय चौहान प्रतिहारों के अधीन सामंत हुआ करते थे।

प्राचीन भारत में यह प्रचलन था कि जब कोई राजा किसी अन्य राजा को जीत लेता था तो विजेता राजा, पराजित राजा की उपाधियों को धारण कर लेता था। चूंकि चौहानों ने प्रतिहारों को पराजित किया था इसलिए चौहानों ने प्रतिहारों की उपधियां धारण कर लीं।

अजमेर के राजकीय संग्रहालय में उपलब्ध प्रशस्ति से ज्ञात होता है कि अर्णोराज ने उन तुर्कों को पराजित किया जो मरुस्थल को पार करके अजमेर तक आ पहुँचे थे। इस आक्रमण की तिथि ई.1135 अनुमानित की जाती है। मरुस्थल को पार करके आई तुर्कों की सेना ने पुष्कर को नष्ट कर दिया तथा उसके बाद वह अजमेर की तरफ बढ़ी।

अर्णोराज अजमेर पर बार-बार हो रहे मुस्लिम आक्रमणों से तंग आ चुका था। अतः उसने अपनी पूरी शक्ति एकत्र करके तारागढ़ से कुछ किलोमीटर दूर स्थित एक विशाल मैदान में तुर्कों का भयानक संहार किया। इस संहार के कारण तुर्कों की विशाल सेना का इतना रक्त बहा कि पूरा मैदान रक्त से लथपथ हो गया। मांस के लोथड़ों से वहाँ भारी सड़ांध फैल गई। राजा अर्णोराज पुष्कर की पहाड़ियों से निकलने वाली चन्द्रा नदी से एक नहर बनवाकर इस मैदान की तरफ लाया जिससे सारे शव बहकर दूर चले गये। बाद में अर्णोराज ने इस स्थान की खुदाई करवाकर वहाँ की मिट्टी भी हटवा दी और पक्के घाट बनाकर झील का निर्माण करवा दिया। जिस स्थल पर यवनों का रक्त गिरा था उस स्थल को शुद्ध करने के लिये राजा अर्णोराज ने एक हवन किया तथा उस स्थान पर आनासागर झील बनाई।

कुछ इतिहासकार इस आनासागर झील में लाई गई नदी को लूनी के रूप में तथा कुछ इतिहासकार बान्डी के रूप में चिन्हित करते हैं जो अजमेर के निकट नाग पहाड़ियों से निकलती हैं। जब कई दिन तक पानी बहने से यह मैदान साफ हो गया तब अर्णोराज ने इसके चारों तरफ विशाल पक्की दीवार का निर्माण करवाया। इस कार्य में उसने प्रजा की भी सहायता ली।

जब यह झील बनकर तैयार हो गई तब उसे पुष्कर की पहाड़ियों से निकलने वाले निर्मल जल से भर दिया। इस झील से अजमेर के लोगों तथा पशुओं के लिये पीने का जल उपलब्ध हो गया। एक विशाल सेना को भी इस क्षेत्र में लम्बे समय तक बनाये रखना संभव हो गया। इस झील के कारण अजमेर नगर का विकास तेजी से हुआ।

आनासागर झील भारत के सुन्दरतम स्थानों में से एक है। अजमेर नगर की समृद्धि और विस्तार का जितना श्रेय तारागढ़ दुर्ग को दिया जाता है, उससे कहीं अधिक श्रेय इस झील को जाता है। इस झील के सौन्दर्य पर मुग्ध होकर ही मुगलों, मराठों, राठौड़ों तथा अंग्रेजों ने अजमेर को बहुत महत्त्व दिया। जहाँगीर ने इस झील के निकट दौलतबाग का निर्माण करवाया जिसे अब सुभाष उद्यान कहते हैं। शाहजहाँ ने आनासागर झील के तट पर संगमरमर की बारादरी बनवाई।

इतिहास में उल्लेख मिलता है कि जब जोधपुर के महाराजा अजीतसिंह राठौड़ ने अजमेर पर अधिकार किया, तब वह भी आनासागर झील के किनारे बने महलों में रहता था। अंग्रेज तो इस झील के दीवाने ही थे। आज भी यह झील अजमेर नगर की पहचान बनी हुई है।

राजा अर्णोराज चौहान ने मालवा के राजा नरवर्मन को परास्त किया तथा अपनी विजय पताका को सिंधु और सरस्वती नदी के प्रदेशों तक ले जाकर अपने वंश के महत्त्व को बढ़ाया। अर्णोराज ने हरितानक देश (हरियाणा, दिल्ली एवं मेरठ) तक अभियान का नेतृत्व करके अपनी पैतृक विजय भावनाओं के प्रति कटिबद्धता प्रकट की। इन विजयों से उसने पंजाब के कुछ पूर्वी भाग (अब हरियाणा) और संयुक्त प्रांत (अब उत्तर प्रदेश) के पश्चिमी भाग को अपने साम्राज्य में सम्मिलित कर लिया। अर्णोराज ने हरियाणा, दिल्ली तथा वर्तमान उत्तरप्रदेश के बुलन्दशहर जिले पर भी अधिकार कर लिया जिसे तब वरणनगर कहते थे।

राजा अर्णोराज सनातन धर्म का अनुयाई था किंतु दूसरे सम्प्रदायों के प्रति भी उसमें संकीर्णता नहीं थी। उसने खतरगच्छ के अनुयायियों के लिये भूमिदान दिया तथा पुष्कर में वराह का विश्व-प्रसिद्ध मंदिर बनवाया। अर्णोराज के समय देवबोध तथा धर्मघोष नामक प्रकाण्ड विद्वान हुए जिन्हें अर्णोराज ने सम्मानित किया। इनके नामों से अनुमान होता है कि ये बौद्ध भिक्षु रहे होंगे!

❑❑❑

आठ

चौहानों और चौलुक्यों ने एक दूसरे को मारकर राष्ट्र की क्षति की!

चौलुक्यों तथा चौहानों के बीच राज्य विस्तार को लेकर पिछली कई शताब्दियों से संघर्ष चला आ रहा था। चौहान शासक अर्णोराज के समय में यह संघर्ष अपने चरम को पहुँच गया। हालांकि अर्णोराज इस संघ्र को बढ़ाना नहीं चाहता था क्योंकि अर्णोराज अपने राज्य का विस्तार मालवा की तरफ करना चाहता था जबकि गुजरात का चौलुक्य शासक सिद्धराज जयसिंह अपने राज्य का विस्तार राजस्थान की ओर बढ़ाना चाहता था। इस कारण दोनों राज्य एक दूसरे से लड़कर राष्ट्र की क्षति करने में लग गए।

ई.1134 में सिद्धराज जयसिंह ने अजमेर पर आक्रमण किया किंतु अर्णोराज ने उसे परास्त कर दिया। इसके बाद हुई संधि के अनुसार सिद्धराज जयसिंह ने अपनी पुत्री कांचनदेवी का विवाह अर्णोराज से कर दिया। इससे दोनों राज्यों के बीच कुछ समय के लिये सुलह हो गयी। ई.1142 में चौलुक्य कुमारपाल, चौलुक्यों की गद्दी पर बैठा तो चाहमान-चौलुक्य संघर्ष फिर से तीव्र हो गया।

विख्यात लेखक एवं व्याकरणाचार्य जैन मुनि हेमचंद्र ने लिखा है कि अर्णोराज ने कुछ राजाओं को एकत्रित करके गुजरात पर धावा बोल दिया। अर्णोराज आक्रामक था और उसने बाहड़ से मिलकर गुजरात के सामंतों में फूट डालकर कुमारपाल की स्थिति को गंभीर बना दिया।

हर बिलास शारदा के अनुसार अर्णोराज, अपने श्वसुर सिद्धराज जयसिंह के दत्तक पुत्र बाहड़ को गुजरात का राजा बनाना चाहता था इसलिये उसने ई.1145 में कुमारपाल पर आक्रमण कर दिया। इस युद्ध में कुमारपाल चौलुक्य हार गया तथा उसने अपनी बहिन देवलदेवी का विवाह अर्णोराज चौहान के साथ कर दिया।

अर्णोराज तथा कुमारपाल के बीच दूसरा युद्ध ई.1150 के आसपास हुआ। जयसिंह सूरी, जिनमण्डन, चरित्रसुंदर तथा प्रबंधकोष के अनुसार एक समय अर्णोराज और उसकी स्त्री देवलदेवी जो कि कुमारपाल चौलुक्य की बहिन थी, चौपड़ खेलते

समय हास्य-विनोद में एक दूसरे के वंश की निंदा करने लगे। हास्य-विनोद, वैमनस्य में बदल गया जिसके फलस्वरूप देवलदेवी ने अपने भाई कुमारपाल चौलुक्य को अपने पति अर्णोराज चौहान पर आक्रमण करने के लिये उकसाया। कुमारपाल ने अर्णोराज पर आक्रमण कर दिया।

जब अर्णोराज को यह ज्ञात हुआ कि कुमारपाल अपनी सेना लेकर अजमेर की ओर आ रहा है तो अर्णोराज भी अपनी सेना लेकर गुजरात की ओर चल पड़ा। आबू के निकट दोनों सेनाओं में युद्ध हुआ जिसमें कुमारपाल ने अर्णोराज को परास्त कर दिया। चौलुक्यों की विजयी सेना अजमेर तक आ पहुँची परंतु वह सुदृढ़ दीवारों को पार करके नगर में नहीं घुस सकी। कुमारपाल को हताश होकर अजमेर से लौट जाना पड़ा।

कुछ समय बाद एक बार फिर अर्णोराज ने अपनी विफलता का बदला लेने की योजना बनाई। इस बार फिर चौलुक्य आगे बढ़ते हुए अजमेर तक आ पहुँचे तथा एक बार पुनः अर्णोराज की करारी हार हुई। इस प्रकार ई.1150 में चौलुक्य कुमारपाल ने अजमेर पर अधिकार कर लिया। पराजित अर्णोराज को विजेता कुमारपाल के साथ अपनी बहिन का विवाह करना पड़ा तथा हाथी-घोड़े भी उपहार में देने पड़े। इस पराजय से अर्णोराज की प्रतिष्ठा को बड़ा आघात पहुँचा। फिर भी उसके राज्य की सीमाएं अपरिवर्तित बनी रहीं।

इस विजय के बाद कुमारपाल चित्तौड़ दुर्ग में गया जहाँ उसने एक शिलालेख खुदवाकर लगवाया जिसमें अपनी अजमेर विजय का उल्लेख किया। रासमाला के अनुसार अजमेर की सेना का नेतृत्व चौहान राजकुमार सोमेश्वर ने किया। सोमेश्वर चौलुक्यों का भानजा था, इस कारण कुमारपाल की सेना में युद्ध के दौरान संशय बना रहा किंतु जब राजा अर्णोराज चौहान लोहे की एक बर्छी लग जाने से गिर गया तो युद्ध अचानक ही समाप्त हो गया और चौलुक्यों की अकस्मात् विजय हो गई।

राजा अर्णोराज के तीन पुत्र थे। उनमें से जगदेव तथा विग्रहराज (चतुर्थ) के जन्म मारवाड़ की राजकुमारी सुधवा के गर्भ से हुए थे जबकि सोमेश्वर का जन्म अन्हिलवाड़ा पाटन की चौलुक्य राजकुमारी कंचनदेवी के गर्भ से हुआ था। सोमेश्वर का बचपन अपने नाना सिद्धराज जयसिंह की राजसभा में बीता था।

लगातार दो बार चौलुक्यों से पराजित हो जाने के कारण चौहानों की प्रतिष्ठा को बड़ा धक्का लगा किंतु कुछ समय बाद ही अर्णोराज ने गजनवियों को परास्त करके खोई हुई प्रतिष्ठा पुनः प्राप्त कर ली। उसने अपनी विजय पताका सांभर झील

से आगे बढ़कर सिंधु और सरस्वती नदी के प्रदेशों में फहरा दी तथा जिससे सांभर के चौहान उत्तरी भारत की सबसे बड़ी शक्ति बन गए। चौहान शासक अर्णोराज वीर, धर्मप्रिय, विद्वानों का सम्मान करने वाला तथा प्रजापालक राजा था किंतु दुर्भाग्य उसके पीछे लगा रहता था जिसके कारण वह चौलुक्यों को कई बार सम्मुख युद्ध में पराजित कर देने के बद भी अचानक तीर लग जाने से परास्त हो गया। अपनी खोई हुई शक्ति को पुनः प्राप्त करने के बाद, इससे पहले कि अर्णोराज, चौलुक्यों से अपनी पुरानी पराजयों का बदला लेता, अर्णोराज के बड़े पुत्र जग्गदेव ने ई.1155 में राज्य के लालच में अर्णोराज की हत्या कर दी।

इस प्रकार नागौर के छोटे से रेगिस्तनी राज्य से निकले हुए चौहान शासकों ने अर्णोराज के काल में महानदी सिंधु एवं पौराणिक काल में लुप्त सरस्वती नदी के क्षेत्रों तक अपनी ध्वजा फहरा दी।

❑❑❑

ढाई दिन का झौंपड़ा से प्राप्त हरकेलि नाटक का शिलापट्ट

नौ

राजा वीसलदेव चौहान ने तुर्कों को अटक नदी के पार खदेड़ दिया!

चौलुक्य शासक कुमारपाल के हाथों चौहान राजा अर्णोराज की पराजय के बाद अर्णोराज ने अपनी खोई हुई शक्ति का पुनः संकलन करके अपनी विजय पताका सिंधु एवं सरस्वती के क्षेत्रों तक फहराई किंतु उसके पुत्र राजकुमार जगदेव ने राज्य के लालच में अपने पिता अर्णोराज की हत्या कर दी और स्वयं अजमेर की गद्‌दी पर बैठ गया। भारत में पितृहन्ता राजा को अच्छी दृष्टि से नहीं देखा जाता था तथा उसे उसके ही कुल के अन्य राजकुमारों द्वारा हटा दिया जाता था। राजा जगदेव के साथ भी यही हुआ। उसके गद्दी पर बैठने के कुछ समय बाद ही उसके छोटे भाई विग्रहराज (चतुर्थ) ने उसे गद्दी से हटा दिया।

अनेक ख्यातों में विग्रहराज (चतुर्थ) को भी विग्रहराज तृतीय की तरह बीसलदेव अथवा वीसलदेव लिखा गया है। वह ई.1163 तक अजमेर का राजा रहा। उसका शासन न केवल अजमेर के इतिहास के लिये अपितु सम्पूर्ण भारत के इतिहास के लिये अत्यंत महत्त्वपूर्ण है।

वीसलदेव ने ई.1155 से ई.1163 के बीच तोमरों से दिल्ली तथा हाँसी छीन लिए। नागरी प्रचारिणी पत्रिका के अनुसार वीसलदेव ने तंवर राजा अनंगपाल से दिल्ली छीनी। इसी अनंगपाल ने दिल्ली में विष्णुपाद पहाड़ी पर लोहे का लाट लगावाया था जिस पर आज तक जंग नहीं लगा। यह लाट विष्णु की ध्वजा के रूप में स्थापित करवाया था। इसे कीली भी कहते हैं तथा यह कुतुबमीनार के पास महरौली गांव में स्थित है।

पृथ्वीराज रासो ने इसी अनंगपाल की पुत्री कमला का विवाह अजमेर के चौहान राजा सोमेश्वर के साथ होना तथा उसी से पृथ्वीराज चौहान का उत्पन्न होना बताया है किंतु अन्य स्रोतों के अनुसार पृथ्वीराज की माता चेदि देश की राजकुमारी कर्पूर देवी थी न कि तंवर राजकुमारी कमला।

वीसलदेव ने गुजरात के चौलुक्यों और उनके अधीन आबू एवं मारवाड़ क्षेत्र के परमार राजाओं से भारी युद्ध किये तथा उन्हें पराजित करके उनसे नाडोल, पाली, जालोर एवं आसपास के क्षेत्र छीन लिए। वीसलदेव ने जालोर के परमार सामन्त को दण्ड देने के लिए जालोर नगर को जलाकर राख कर दिया। राजा वीसलदेव ने चौलुक्य कुमारपाल को परास्त करके उसने अपने पिता की पराजय का बदला लिया।

तुर्कों से भी बीसलदेव ने अनेक युद्ध लड़े। वीसलदेव के समय तुर्कों की एक सेना वव्वेरा गांव तक आ गई। वीसलदेव ने उस सेना को परास्त कर दिया। इसके बाद वीसलदेव ने संकल्प लिया कि वह मुसलमानों को आर्यावर्त्त से बाहर निकाल देगा। इसलिए वह एक विशाल सेना लेकर उत्तर दिशा की तरफ बढ़ा। दिल्ली से अशोक का एक स्तंभ लेख मिला है जिस पर वीसलदेव के समय में एक और शिलालेख उत्कीर्ण किया गया। यह शिलालेख 9 अप्रेल 1163 का है तथा इसे शिवालिक स्तंभ-लेख कहते हैं। इस शिलालेख के अनुसार वीसलदेव ने देश से मुसलमानों का सफाया कर दिया तथा अपने उत्तराधिकारियों को निर्देश दिया कि वे मुसलमानों को अटक नदी के उस पार तक सीमित रखें।

वीसलदेव के राज्य की सीमायें शिवालिक पहाड़ी, सहारनपुर तथा उत्तर प्रदेश तक प्रसारित थीं। शिलालेखों के अनुसार जयपुर और उदयपुर जिले के कुछ भाग उसके राज्य के अंतर्गत थे। इसमें कोई संदेह नहीं कि अपनी शक्ति और बल से विग्रहराज ने म्लेच्छों का दमन करके आर्यावर्त्त को वास्तव में आर्य-भूमि बना दिया था। जिस मुस्लिम शासक हम्मीर को परास्त करने का उल्लेख ललितविग्रह नाटक में किया गया है, वह गजनी का अमीर खुशरूशाह था।

शिवालिक लेख के अनुसार वीसलदेव के राज्य की सीमायें हिमालय से लेकर विंध्याचल पर्वत तक विस्तृत थीं। इस पूरे क्षेत्र से उसने मुस्लिम गवर्नरों को परास्त करके अटक के उस पार तक मार भगाया था। प्रबन्धकोष उसे तुरुष्कों का विजेता बताता है। इस काल में दिल्ली केवल ठिकाणा बन कर रह गई जिसकी राजधानी अजमेर थी।

विग्रहराज (चतुर्थ) अर्थात् वीसलदेव भारत का प्रथम चौहान सम्राट था और उसका भतीजा पृथ्वीराज चौहान भारत का अंतिम चौहान सम्राट था। वीसलदेव की विशाल सेना में एक हजार हाथी, एक सौ हजार घुड़सवार तथा उससे भी अधिक संख्या में पैदल सिपाही थे। विग्रहराज (चतुर्थ) साहित्य प्रेमी राजा था और साहित्यकारों का आश्रयदाता भी। उसके समय के लोग उसे कविबांधव कहते थे।

वह स्वयं हरकेलि नाटक का रचयिता था। उसके दरबारी कवि सोमदेव ने ललित विग्रहराज नामक सुप्रसिद्ध ऐतिहासिक नाटक की रचना की। विग्रहराज (चतुर्थ) ने अजमेर में धार की ही तरह का एक संस्कृत विद्यालय एवं सरस्वती मंदिर बनवाया जो अब अढ़ाई दिन का झौंपड़ा के नाम से अवशेष रूप में रह गया है।

इस विद्यालय परिसर से 75 पंक्तियों का एक विस्तृत शिलालेख प्राप्त हुआ है जो इस बात की घोषणा करता है कि इस विद्यालय का निर्माण वीसलदेव ने करवाया था। अजमेर के सरस्वती कण्ठाभरण मंदिर परिसर से राजा विग्रहराज (चतुर्थ) द्वारा संस्कृत में लिखित हरकेलि नाटक के छः चौके मिले हैं जो 22 नवम्बर 1153 की तिथि के हैं।

राजपूताना संग्रहालय में रखा विग्रहराज (चतुर्थ) का एक शिलालेख घोषणा करता है कि चौहान शासक सूर्यवंशी क्षत्रिय हैं। उसने अपने नाम पर अजमेर में वीसलसर झील बनवाई जिसके बीच उसके रहने के प्रासाद और उसके चारों ओर अनेक मंदिर बनवाये। राजा विग्रहराज ने वीसलपुर नामक कस्बे की स्थापना की तथा कई दुर्गों का निर्माण करवाया। धर्मघोष सूरी के कहने पर उसने एकादशी के दिन पशुवध पर प्रतिबन्ध लगाया।

विग्रहराज (चतुर्थ) के समय में चौहान राज्य की चहुंमुखी प्रगति हुई। हिमालय से लेकर नर्मदा तक उसका नाम बड़े आदर से लिया जाता था। डॉ. दशरथ शर्मा ने उसके बारे में लिखा है कि उसकी महत्ता निर्विवाद है क्योंकि वह सेनाध्यक्ष के साथ-साथ विजेता, साहित्य का संरक्षक, अच्छा कवि और सूझ-बूझ वाला निर्माता था। पृथ्वीराज विजय का लेखक कहता है कि जब विग्रहराज की मृत्यु हो गई तो कविबांधव की उपाधि निरर्थक हो गई क्योंकि इस उपाधि को धारण करने की क्षमता किसी में नहीं रह गई थी। कीलहॉर्न ने भी उसकी विद्वता को स्वीकार करते हुए लिखा है कि वह उन हिन्दू शासकों में से था जो महाकवि कालीदास और महाकवि भवभूति की होड़ कर सकते थे। विग्रहराज का समय सपादलक्ष राज्य का सुवर्ण काल था।

ई.1158 के नरहड़ लेख में विग्रहराज (चतुर्थ) के नाम के आगे परमभट्टारक महाराजाधिराज परमेश्वर श्रीमद्, तथा नाम के पीछे देवराज्ये अंकित किया गया है। ये उपाधियां चौहानों द्वारा प्रतिहारों से छीनी गई थीं। इन उपाधियों से यह भी ज्ञात होता है कि इस काल में चौहान अपने विशाल साम्राज्य के सम्पूर्णप्रभुत्व सम्पन्न शासक थे।

❑❑❑

दस

पृथ्वीराज के पिता सोमेश्वर को भाग्यवश मिला चौहानों का सिंहासन!

ई.1163 में विग्रहराज (चतुर्थ) की मृत्यु के बाद उसका अवयस्क पुत्र अमरगंगेय अथवा अपरगंगेय अजमेर की गद्दी पर बैठा। वह मात्र 5-6 वर्ष ही शासन कर सका और अपने ही चचेरे भाई पृथ्वीराज (द्वितीय) द्वारा हटा दिया गया। पृथ्वीराज (द्वितीय), पितृहंता जगदेव का पुत्र था। पृथ्वीराज (द्वितीय) के समय का ई.1167 का एक अभिलेख हांसी से मिला है जिसमें कहा गया है कि चौहान शासक चंद्रवंशी हैं।

मेवाड़ के जहाजपुर परगने के धौड़ गांव के रूठी रानी के मंदिर से ई.1168 का एक शिलालेख मिला है जिसमें कहा गया है कि पृथ्वीभट्ट अर्थात् पृथ्वीराज (द्वितीय) ने अपनी भुजाओं के बल से शाकम्भरी नरेश अर्थात् अमरगंगेय पर विजय प्राप्त की।

इस शिलालेख का आशय यह है कि जिस राज्य को विग्रहराज (चतुर्थ) ने, पृथ्वीराज (द्वितीय) के पिता जगदेव से छीन लिया था, उस राज्य को जगदेव के पुत्र पृथ्वीराज (द्वितीय) ने अपनी भुजाओं के बल से पुनः प्राप्त कर लिया।

इस शिलालेख में पृथ्वीभट्ट अर्थात् पृथ्वीराज (द्वितीय) की रानी का नाम सुहागदेवी बताया गया है। पृथ्वीराज (द्वितीय) उपकार के कार्यों के लिये जाना गया। उसने राजा वास्तुपाल को हराया, तुर्कों को पराजित किया तथा हांसी के दुर्ग में एक महल बनवाया।

पृथ्वीराज (द्वितीय) ने मुसलमानों को अपने राज्य से दूर रखने के लिये अपने मामा गुहिल किल्हण को हांसी का अधिकारी नियुक्त किया। उसका राज्य अजमेर और शाकम्भरी के साथ-साथ थोड़े (जहाजपुर के निकट), मेनाल (चित्तौड़ के निकट) तथा हांसी अर्थात् (पंजाब) तक विस्तृत था। ई.1169 में पृथ्वीराज (द्वितीय) की निःसंतान अवस्था में ही मृत्यु हो गई।

इस समय अर्णोराज के कुल में तीन वयस्क राजकुमार जीवित थे। इनमें से पहला अमरगंगेय अथवा अपरगांग्य था जो स्वर्गीय अर्णोराज का पौत्र तथा स्वर्गीय राजा विग्रहराज (चतुर्थ) का बड़ा पुत्र था और जिसे उसके भतीजे पृथ्वीराज (द्वितीय) द्वारा पहले ही राज्य से अपदस्थ कर दिया गया था।

राज्य का दूसरा दावेदार नागार्जुन था जो स्वर्गीय अर्णोराज का पौत्र तथा राजा विग्रहराज (चतुर्थ) का दूसरा पुत्र था। नागार्जुन पूर्व में अपदस्थ राजा अमरगंगेय का छोटा भाई था।

राज्य का तीसरा दावेदार सोमेश्वर था। वह स्वर्गीय अर्णोराज का तीसरा पुत्र तथा स्वर्गीय विग्रहराज (चतुर्थ) का सबसे छोटा भाई था। राज्य पर सोमेश्वर का अधिकार सबसे कम था क्योंकि स्वर्गीय राजा विग्रहराज (चतुर्थ) के दो पुत्र जीवित थे किंतु अजमेर के मंत्रियों ने अपदस्थ राजा अमरगांगेय तथा उसके छोटे भाई नागार्जुन को राजा बनाने की बजाय स्वर्गीय विग्रहराज (चतुर्थ) के एक मात्र जीवित छोटे भाई सोमेश्वर को राजा बनाने का निर्णय लिया।

सोमेश्वर का जन्म चौलुक्य राजा सिद्धराज जयसिंह की पुत्री कंचनदेवी के गर्भ से हुआ था। सोमेश्वर का बचपन गुजरात में अपने नाना सिद्धराज जयसिंह तथा सौतेले मामा कुमारपाल के दरबार में बीता था। सोमेश्वर ने ननिहाल में रहने के दौरान ही अपने मामा चौलुक्यराज कुमारपाल के शत्रु कोंकण नरेश मल्लिकार्जुन का युद्ध में सिर काटकर ख्याति प्राप्त की थी। कोंकण विजय के समय ही सोमेश्वर ने कलचुरियों की राजकुमारी कर्पूरदेवी से विवाह किया। कर्पूरदेवी का पिता अचलराज चेदि देश का राजा था। चेदि देश वर्तमान जबलपुर के आसपास था।

रानी कर्पूरदेवी के गर्भ से दो पुत्रों का जन्म हुआ जिनमें से बड़े पुत्र का नाम पृथ्वीराज तथा छोटे पुत्र का नाम हरिराज रखा गया। राजा सोमेश्वर की एक पुत्री भी था जिसका नाम पृथा था। कर्पूरदेवी के पुत्र पृथ्वीराज को इतिहास में पृथ्वीराज (तृतीय) तथा राय पिथौरा कहा जाता है। इसका इतिहास हम आगे बताएंगे, अभी हमें पृथ्वीराज (द्वितीय) की ओर वापस चलना होगा जिसकी ई.1169 में निःसंतान अवस्था में ही मृत्यु हो गई।

अब तब स्वर्गीय राजा अर्णोराज के दो पुत्र जगदेव तथा विग्रहराज (चतुर्थ) और दो पौत्र अमरगंगेय तथा पृथ्वीराज (द्वितीय) मृत्यु को प्राप्त हो चुके थे। अर्णोराज का तीसरा और एकमात्र जीवित पुत्र सोमेश्वर अपने सौतेले मामा कुमारपाल के दरबार में रहता था।

अत: अजमेर के सामंतों द्वारा राजकुमार सोमेश्वर को अजमेर का शासक बनने के लिये आमंत्रित किया गया। सोमेश्वर के अजमेर का शासक बनने की कोई संभावना नहीं थी किंतु भाग्यवश अजमेर के राजा पृथ्वीराज (द्वितीय) की असमय ही नि:संतान अवस्था में मृत्यु हो जाने से सोमेश्वर को अपने पिता के शक्तिशाली राज्य की अचानक प्राप्ति हो गई। सोमेश्वर अपनी रानी कर्पूरदेवी तथा दो पुत्रों पृथ्वीराज एवं हरिराज के साथ अजमेर आया। उसके साथ नागरवंशी, स्कंद, बामन तथा सोढ़ नामक मंत्री भी अजमेर आये। ये सभी लोग गुजरात के सम्मानित व्यक्ति अथवा उच्चाधिकारी थे तथा सोमेश्वर के राज्य को व्यवस्थित करने के उद्देश्य से उसके साथ अजमेर आए थे।

सोमेश्वर प्रतापी राजा हुआ। उसके राज्य में बीजोलिया, रेवासा, थोड़, अणवाक आदि भाग भी सम्मिलित किए गए। सोमेश्वर के समय का एक शिलालेख मेवाड़ के बिजौलिया नामक स्थान में मिला है जिसे बिजौलिया अभिलेख कहते हैं। यह अभिलेख 5 फरवरी 1170 का है। इसमें चौहान शासकों की वंशावली दी गयी है। सोमेश्वर के समय की एक छतरी भी अजमेर में मिली है।

सोमेश्वर ने भी अपने पूर्वजों की भांति नगर, मंदिर और प्रासादों के निर्माण में रुचि ली। उसने अपने पिता अर्णोराज की मूर्ति बनवाकर तथा अपनी स्वयं की मूर्ति बनवाकर लगवाई और उत्तरी भारत में मूर्ति निर्माण कला को बढ़ावा दिया।

राजा सोमेश्वर के समय के सिक्के अजमेर की समृद्धि की कहानी कहते हैं। शैव धर्मावलम्बी होते हुए भी उसने जैन धर्म के प्रति सहिष्णुतापूर्ण नीति का अवलम्बन किया। उसने वैद्यनाथ का विशाल मंदिर बनवाया जो वीसलदेव के महलों से भी ऊँचा था। इस मंदिर में उसने ब्रह्मा, विष्णु एवं महेश की मूर्तियाँ स्थापित करवाईं तथा अपने पिता अर्णोराज की अश्वारूढ़ प्रतिमा बनवाकर लगवाई।

सोमेश्वर ने अजमेर में पांच मंदिर बनवाये जो ऊँचाई में, पहाड़ों से प्रतिस्पर्धा करते थे। इन मंदिरों को वह पांच कल्पवृक्ष कहता था। उसने अजमेर से 9 मील दूर गौगनक तथा अन्य स्थानों पर कई मंदिर बनवाये। बिजौलिया अभिलेख के अनुसार उसकी जन्मराशि के अनुसार उसका नाम प्रताप लंकेश्वर था। वह शक्तिशाली राजा था, उसने अपने समस्त शत्रुओं पर विजय प्राप्त की। उसके समय में फिर से चौलुक्य-चौहान संघर्ष छिड़ गया जिससे उसे हानि उठानी पड़ी।

❑❑❑

ग्यारह

रानी कर्पूरदेवी ने चौहानों का राज्य संभाल लिया!

ई.1178 में अजमेर के चौहान राजा सोमेश्वर की मृत्यु हो गई। पृथ्वीराज रासो के अनुसार सोमेश्वर के भाई कानराई ने अजमेर के भरे दरबार में एक गलतफहमी के कारण अन्हिलवाड़ा के राजा प्रतापसिंह सोलंकी की हत्या कर दी। इस पर अन्हिलवाड़ा के सोलंकी शासक भोला भीम (ई.1179-1242) ने अपने पिता प्रतापसिंह सोलंकी की हत्या का बदला लेने के लिये अजमेर पर आक्रमण किया। भोला भीम के आक्रमण में राजा सोमेश्वर मारा गया।

'रासमाला' कानराई के हाथों राजा प्रतापसिंह सोलंकी की मृत्यु की घटना का उल्लेख तो करती है किंतु यह भी कहती है कि भोला भीम ने अजमेर पर आक्रमण करने का निश्चय त्याग दिया क्योंकि उस समय एक मुस्लिम आक्रांता अन्हिलवाड़ा के विरुद्ध अभियान पर था।

पृथ्वीराज रासो के अनुसार पृथ्वीराज (तृतीय) ने अपने पिता सोमेश्वर की हत्या का बदला लेने के लिये गुजरात पर आक्रमण किया तथा भोला भीम को मार डाला। 'पृथ्वीराज विजय महाकाव्यम्' में न तो भोला भीम के अजमेर अभियान का उल्लेख है और न ही पृथ्वीराज द्वारा भोला भीम पर आक्रमण करने का उल्लेख है। चूंकि 'पृथ्वीराज विजय महाकाव्यम्' पृथ्वीराज के काल में ही लिखा गया था, इसलिए इस ग्रंथ की बात सही मानी जानी चाहिए।

'पृथ्वीराज रासो' की रचना पृथ्वीराज की मृत्यु के लगभग चार सौ साल बाद हुई, इसलिए 'पृथ्वीराज रासो' की बात को सही नहीं माना जाना चाहिए। फिर भी चूंकि जिस समय सोमेश्वर की मृत्यु हुई, उस समय उसका बड़ा पुत्र पृथ्वीराज केवल 12-13 साल का था, इसलिए यह अनुमान अवश्य होता है कि राजा सोमेश्वर किसी युद्ध अथवा अचानक हुई किसी घटना में ही, बहुत कम आयु में मृत्यु को प्राप्त हुआ होगा। राजा सोमेश्वर का अंतिम शिलालेख 18 अगस्त 1178 का है जो आंवलदा नामक स्थान से मिला है। जबकि पृथ्वीराज चौहान का पहला शिलालेख 14 मार्च 1179 का बड़ल्या से मिला है। अतः अनुमानित होता है कि इन्हीं दो

तिथियों के बीच राजा सोमश्वर की मृत्यु हुई तथा पृथ्वीराज का राज्याभिषेक हुआ। उस समय पृथ्वीराज केवल 12-13 वर्ष का बालक था।

पृथ्वीराज चौहान का जन्म ई.1166 में गुजरात में हुआ था। जिस समय पृथ्वीराज का पिता सोमेश्वर गुजरात से आकर अजमेर का राजा बना, उस समय पृथ्वीराज की आयु केवल 3 वर्ष तथा उसके छोटे भाई हरिराज की आयु केवल 2 वर्ष थी। दोनों राजकुमारों का जन्म अण्हिलपाटण अथवा अन्हिलवाड़ा में चौलुक्यों के राजप्रासादों में हुआ था।

अजमेर का राजा बनने के बाद सोमेश्वर चौहान ने अपने पुत्रों की शिक्षा-दीक्षा का अच्छा प्रबंध किया जिससे दोनों राजकुमार शस्त्र एवं शास्त्र दोनों में पारंगत हो गए। इन दोनों राजकुमारों की शिक्षा अजमेर की सरस्वती कण्ठाभरण पाठशाला में हुई जिसका निर्माण पृथ्वीराज के ताऊ विग्रहराज चतुर्थ ने करवाया था तथा जिसे अब अढाई दिन का झौंपड़ा कहा जाता है।

दोनों राजकुमारों को व्यायाम, अश्वारोहण, गजचालन, आखेट एवं धनुर्विद्या की शिक्षा दी गई। पृथ्वीराज रासो के अनुसार पृथ्वीराज शब्दभेदी बाण चलाने में निपुण था। इतिहास की कुद पुस्तकों में उल्लेख मिलता है कि बालक पृथ्वीराज को 64 कलाओं एवं 14 विद्याओं में पारंगत बनाया गया। 'पृथ्वीराज विजय महाकव्यम्' में

कहा गया है कि राजकुमार पृथ्वीराज को धर्मशास्त्र, चित्रकला, संगीतकला, इंद्रजाल, कविता, वाणिज्य विनय, संस्कृत एवं अपभ्रंश के साथ-साथ अनेक देशज भाषाएं, पक्षियों की भाषा तथा गणित की भी शिक्षा दी गई।

राजा पृथ्वीराज को तलवार, भाला एवं धनुष सहित 36 प्रकार के अस्त्र-शस्त्र धारण करने एवं चलाने आते थे। 'पृथ्वीराज विजय महाकाव्यम्' में लिखा है कि राजा पृथ्वीराज को संस्कृत, अपभ्रंश, प्राकृत, पैशाची, मागधी एवं शूरसैनी नामक छः भाषाएं आती थीं।

राजा पृथ्वीराज चौहान को भारत के इतिहास में पृथ्वीराज चौहान तथा राय पिथौरा के नाम से जाना जाता है। आधुनिक काल में लिखी गई इतिहास की पुस्तकों में उसे पृथ्वीराज (तृतीय), भारतेश्वर तथा सपादलक्षेश्वर भी कहा गया है। 'पृथ्वीराज विजय महाकाव्यम्' में उसे गुर्जरराज तथा मरुगुर्जरराज कहा गया है जिसका अर्थ होता है- गुर्जर देश अथवा मरु-गुर्जर देश का स्वामी!

वस्तुतः चौहानों तथा प्रतिहारों के उदय होने से पहले तथा हूणों के पराभव के बाद जोधपुर राज्य के उत्तरी हिस्से में स्थित डीडवाना से लेकर गुजरात के दक्षिण में भड़ौंच तक के विशाल प्रदेश पर गुर्जरों का निवास था। इस कारण इस क्षेत्र को गुर्जर प्रदेश कहते थे। जब प्रतिहार इस क्षेत्र के शासक बने तो उन्होंने गुर्जरों को दबाकर, स्वयं को गुर्जर-प्रतिहार कहलवाने में गौरव का अनुभव किया।

जिस प्रकार प्रतिहारों ने गुप्तों को परास्त करके परमभट्टारक आदि उपाधियां धारण कीं, उसी प्रकार उन्होंने गुर्जर प्रदेश पर अधिकार करके स्वयं को गुर्जरेश्वर कहा। जयानक ने चौहानों को गुर्जरेश्वर कहकर चौहानों की महत्ता को प्रतिपादित किया। उसी प्राचीन गुर्जर प्रदेश का दक्षिणी हिस्सा आज भी गुजरात के नाम से जाना जाता है। पृथ्वीराज की गुर्जरेश्वर उपाधि पर हम यथास्थान विस्तार से चर्चा करेंगे।

सिंहासन पर बैठते समय पृथ्वीराज के अल्प वयस्क होने के कारण उसकी माता कर्पूर देवी अजमेर का शासन चलाने लगी। राजमाता कर्पूर देवी, चेदि देश की राजकुमारी थी तथा कुशल राजनीतिज्ञ थी। उसने बड़ी योग्यता से अपने अल्पवयस्क पुत्र के राज्य को संभाला। उसने दाहिमा राजपूत कदम्बवास को अपना प्रधानमंत्री बनाया जिसे इतिहास की पुस्तकों में केम्बवास तथा कैमास भी कहा गया है। कदम्बवास ने अपने स्वामि के षट्गुणों की रक्षा की तथा राज्य की रक्षा के लिये चारों ओर सेनाएं भेजीं।

प्रधानमंत्री कदम्बवास विद्यानुरागी था जिसे पद्मप्रभ तथा जिनपति सूरि के शास्त्रार्थ की अध्यक्षता का गौरव प्राप्त था। उसने बड़ी राजभक्ति से शासन किया। नागों के दमन में कदम्बवास की सेवाएं प्रशसंनीय थीं।

चंदेलों तथा मोहिलों ने भी इस काल में शाकम्भरी के राज्य की बड़ी सेवा की। कर्पूरदेवी का चाचा भुवनायक मल्ल पृथ्वीराज की देखभाल के लिये गुजरात से अजमेर आ गया। उसे इतिहास की पुस्तकों में भुवनमल्ल अथवा भुवनीकमल भी कहा गया है। इस प्रकार पृथ्वीराज के नाना का भाई भुवनमल्ल राजा पृथ्वीराज के कल्याण के लिए कार्य करने लगा। जिस प्रकार गरुड़ ने राम और लक्ष्मण को मेघनाद के नागपाश से मुक्त किया था, उसी प्रकार भुवनमल्ल ने पृथ्वीराज को शत्रुओं से मुक्त किया।

राजमाता कर्पूरदेवी का संरक्षण-काल कम समय का था किंतु इस काल में अजमेर और भी सम्पन्न एवं समृद्ध नगर बन गया। कर्पूरदेवी के संरक्षण में राजा पृथ्वीराज ने कई भाषाओं और शास्त्रों का अध्ययन किया तथा अपनी माता के निर्देशन में अपनी प्रतिभा को अधिक सम्पन्न बनाया। इसी अवधि में राजा पृथ्वीराज ने राज्य-कार्य में दक्षता अर्जित की तथा अपनी भावी योजनाओं को निर्धारित किया जो उसकी निरंतर विजय योजनाओं से प्रमाणित होता है।

पृथ्वीराज चौहान के दरबारी कवि जयानक द्वारा लिखित 'पृथ्वीराजमहाकाव्यम्' नामक ग्रंथ जिसे 'पृथ्वीराज विजय' भी कहा जाता है, में लिखा है कि राजा पृथ्वीराज की प्रारंभिक विजयों एवं शासन सुव्यवस्थाओं का श्रेय कर्पूरदेवी को दिया जा सकता है जिसने अपने विवेक से अच्छे अधिकारियों को अपना सहयोगी चुना और कार्यों को इस प्रकार संचालित किया जिससे बालक पृथ्वीराज के भावी कार्यक्रम को बल मिले।

पृथ्वीराज विजय के अनुसार प्रधानमंत्री कदम्बवास का जीवन राजा पृथ्वीराज एवं राजमाता कर्पूरदेवी के प्रति समर्पित था। कदम्बवास की ठोड़ी कुछ आगे निकली हुई थी। वह राज्य की सुरक्षा का पूरा ध्यान रखता था। कहीं से गड़बड़ी की सूचना पाते ही तुरंत सेना भेजकर स्थिति को नियंत्रण में करता था। कर्पूरदेवी के शासन काल में नागों ने चौहानों के विरुद्ध विद्रोह किया किंतु उन्हें सफलता पूर्वक दबा दिया गया।

❑❑❑

बारह

पृथ्वीराज चौहान इतिहास के रंगमंच पर भूमिका निभाने आ गया!

ई.1180 में केवल 14 वर्ष की आयु में राजा पृथ्वीराज चौहान ने राज्य के समस्त अधिकार अपनी माता से अपने हाथ में ले लिए तथा राज्य के समस्त उच्च पदों पर नियुक्त अपनी माता के विश्वस्त मंत्रियों एवं अधिकारियों को हटाकर अपने विश्वास के मंत्रियों एवं अधिकारियों को नियुक्त कर दिया।

संभवतः संरक्षण का समय लगभग दो वर्ष से भी कम रहा। केवल 14-15 वर्ष की अल्पायु में राज्याधिकार अपने हाथ में लिए जाने का कारण राजा पृथ्वीराज की महत्त्वाकांक्षा एवं कार्य संचालन की क्षमता उत्पन्न होना हो सकता है। यह सब इतनी जल्दी हुआ कि इतिहासकारों ने भी इस पर आश्चर्य व्यक्त किया है। राजा पृथ्वीराज चौहान ने अपने पिता एवं अपनी माता के शासन काल में प्रधानमंत्री पद पर कार्य कर रहे कदम्बवास अथवा कैमास दहिया की शक्ति को कम कर दिया तथा उसके स्थान पर अपने अन्य मंत्री प्रतापसिंह को अधिकार सम्पन्न बना दिया।

संभवतः पृथ्वीराज ने पुराने प्रधानमंत्री कदम्बवास की शक्ति को अपनी महत्वकांक्षाओं के मार्ग की बाधा समझ कर उसे महत्वहीन कर दिया तथा राज्य में अनेक विश्वस्त अधिकारियों की नियुक्ति की जिनमें प्रतापसिंह विशेष रूप से उल्लेखनीय था। प्रधानमंत्री कदम्बवास महत्वहीन होने के बाद अधिक समय तक जीवित नहीं रहा। कुछ इतिहासकारों ने लिखा है कि पृथ्वीराज के भाग्य ने कदम्बवास को पृथ्वीराज के मार्ग से हटाया। 'पृथ्वीराज रासो' के लेखक ने कदम्बवास की हत्या स्वयं पृथ्वीराज द्वारा होना लिखा है जबकि 'पृथ्वीराज प्रबन्ध' में कदम्बवास की मृत्यु का कारण प्रतापसिंह को बताया गया है।

डॉ. दशरथ शर्मा राजा पृथ्वीराज या मंत्री प्रतापसिंह को प्रधानमंत्री कदम्बवास की मृत्यु का कारण नहीं मानते क्योंकि हत्या सम्बन्धी विवरण बाद के ग्रंथों पर आधारित है। मृत्यु सम्बन्धी कथाओं में सत्यता का कितना अंश है, यह कहना कठिन है किंतु पृथ्वीराज की शक्ति-संगठन की योजनाएं इस ओर संकेत करती हैं

कि पृथ्वीराज ने अपनी महत्त्वाकांक्षाओं की पूर्ति में कदम्बवास को बाधक अवश्य माना होगा तथा उससे मुक्ति का मार्ग ढूंढ निकाला होगा।

डॉ. गोपीनाथ शर्मा ने लिखा है कि इस कार्य में प्रतापसिंह का सहयोग मिलना असम्भव नहीं दिखता। इस परिकल्पना की पुष्टि कदम्बवास के ई.1180 के पश्चात् कहीं भी महत्त्वपूर्ण घटनाओं के साथ उल्लेख के अभाव से होती है।

पृथ्वीराज का मुख्य सेनापति स्कंद गुजरात का नागर ब्राह्मण था। पृथ्वीराज के अन्य सेनापतियों में भुवनीकमल जो कि राजा पृथ्वीराज के नाना का भाई था, उदयराज, उदग, कतिया, गोविंद तथा गोपालसिंह चौहान सम्मिलित थे। कदम्बवास की मृत्यु के बाद पं. पद्मनाभ को प्रधानमंत्री बनाया गया। पृथ्वीराज के मंत्रियों में जयानक, विद्यापति गौड़, वाशीश्वर जनार्दन, विश्वरूप और रामभट्ट, प्रतापसिंह आदि कई मंत्री सम्मिलित थे। इनमें से जयानक ने पृथ्वीराज महाकाव्यम् की रचना की। पृथ्वीराज का मंत्री रामभट्ट, इतिहास में चन्द बरदायी नाम से प्रसिद्ध हुआ। उसने पृथ्वीराज रासो नामक काव्य के आरम्भिक खण्ड की रचना की थी।

इस प्रकार शासन के आंतरिक ढांचे पर नियंत्रण करने के बाद पृथ्वीराज ने अपनी विजय नीति को आरंभ करने का बीड़ा उठाया। पृथ्वीराज के गद्दी पर बैठने के कुछ समय बाद उसके पिता के चचेरे भाई अपरगांग्य ने विद्रोह का झण्डा उठाया। उसने गुड़पुर पर अधिकार कर लिया जिसे अब गुड़गांव तथा गुरुग्राम कहा जाता है।

पृथ्वीराज ने अपरगांग्य को परास्त किया तथा उसकी हत्या करवाई। इस पर अपरगांग्य के छोटे भाई नागार्जुन ने विद्रोह को प्रज्ज्वलित किया तथा गुड़गांव पर अधिकार कर लिया। पृथ्वीराज ने फिर से गुड़गांव पर आक्रमण किया। नागार्जुन की सेना का नेतृत्व देवभट्ट नामक सेनापति ने किया। नागार्जुन की सेना काफी बड़ी थी और उसका सेनापति देवभट्ट भी वीर एवं अनुभवी सेनानायक था किंतु स्वयं नागार्जुन में साहस की कमी थी। जब पृथ्वीराज की सेना लड़ने के लिए आई तो नागार्जुन रात्रि के समय चुपचाप गुड़गांव से भाग निकला।

नागार्जुन की माता, स्त्री, बच्चे और परिवार के अन्य सदस्य पृथ्वीराज के हाथ लग गये। पृथ्वीराज ने उन्हें बंदी बना लिया। इस युद्ध में पृथ्वीराज को अथाह सम्पत्ति की प्राप्ति हुई। पृथ्वीराज विजय के अनुसार राजा पृथ्वीराज चौहान बहुत से विद्रोहियों को पकड़कर अजमेर ले आया तथा उन्हें मौत के घाट उतार कर उनके

मुण्ड नगर की प्राचीरों और द्वारों पर लगवाये जिससे भविष्य में अन्य शत्रु सिर उठाने की हिम्मत न कर सकें।

नागार्जुन का क्या हुआ, कुछ विवरण ज्ञात नहीं होता। अबुल फजल ने आइने अकबरी में नागार्जुन का नाम नागदेव दिया है। पृथ्वीराज रासो में नागार्जुन का वर्णन नहीं किया गया है। इससे सिद्ध होता है कि अबुल फजल को नागार्जुन का उल्लेख किसी अन्य ग्रंथ से मिला होगा।

उस काल में पृथ्वीराज चौहान के राज्य के उत्तरी भाग में मथुरा, भरतपुर तथा अलवर के निकट भण्डानक जाति रहती थी। भण्डानकों को कुछ ग्रंथों में भदानक लिखा गया है। आजकल इस पूरे प्रदेश में मेवों का बाहुल्य है। गुर्जरों में एक भडाना नामक एक गोत्र मिलता है। इससे अनुमान होता है कि राजा पृथ्वीराज ने जिन भण्डानकों का दमन किया, वे गुर्जरों की ही कोई शाखा रहे होंगे।

पृथ्वीराज चौहान के ताऊ विग्रहराज (चतुर्थ) ने भण्डानकों को अपने अधीन किया था किंतु उसे विशेष सफलता नहीं मिली थी। जिस समय विग्रहराज (चतुर्थ) के पुत्र नागार्जुन ने पृथ्वीराज चौहान के विरुद्ध विद्रोह किया, उस समय भण्डानकों ने नागार्जुन का साथ दिया। इसलिए पृथ्वीराज ने भण्डानकों को दण्डित करने का निर्णय लिया। चूंकि भण्डानकों की संख्या बहुत अधिक थी और वे एक लड़ाका समुदाय के रूप में निवास करते थे इसलिए पृथ्वीराज चौहान ने इस युद्धयात्रा के लिए काफी तैयारी की। वर्तमान समय में अजमेर-रींगस रेल लाइन पर स्थित नरेना (नारायणा) रेल्वे स्टेशन के निकट राजा पृथ्वीराज का शिविर लगाया गया।

ई.1182 के लगभग पृथ्वीराज चौहान दिग्विजय के लिये निकला। उसने भण्डानकों पर आक्रमण किया तथा उनकी बस्तियां घेर लीं। बहुत से भण्डानक मारे गये और बहुत से उत्तर दिशा की ओर भाग गये। इस आक्रमण का वर्णन समकालिक लेखक जिनपति सूरि ने किया है। खतरगच्छ पट्टावली में लिखा है कि राजा पृथ्वीराज चौहान ने भण्डानकों की हाथियों की सेना को पकड़ लिया।

इस आक्रमण के बाद भण्डानकों की शक्ति सदा के लिये क्षीण हो गई। इसके बाद से इतिहास में भण्डानक जाति का उल्लेख नहीं मिलता है। भण्डानकों के प्रबल दमन का परिणाम यह हुआ कि पृथ्वीराज के राज्य की दो धुरियां- अजमेर तथा दिल्ली एक राजनीतिक सूत्र में बंध गईं। अब चौहान राज्य का स्वरूप एक साम्राज्य जैसा हो गया था।

❑❑❑

तेरह

सोलह रानियाँ थीं सम्राट पृथ्वीराज चौहान की!

जैसे-जैसे पृथ्वीराज चौहान की विजययात्रा आगे बढ़ती गई, वैसे-वैसे उसका वैभव बढ़ता गया और वैसे-वैसे ही उत्तर भारत के विभिन्न राजकुलों ने अपनी राजकुमारियां पृथ्वीराज से ब्याहनी आरम्भ कर दीं। विभिन्न ग्रंथों में पृथ्वीराज चौहान की रानियों की अलग-अलग संख्या एवं अलग-अलग नाम मिलते हैं। इस कारण पृथ्वीराज की रानियों की वास्तविक संख्या नहीं बताई जा सकती।

'पृथ्वीराज विजय महाकाव्यम्' के दशम सर्ग के उत्तरार्ध में उल्लेख मिलता है कि पृथ्वीराज की अनेक रानियाँ थी। 'चौहान कुल कल्पद्रुम' में राजा पृथ्वीराज की 13 रानियों का उल्लेख है। कुछ संदर्भ पृथ्वीराज की 16 रानियाँ होना बताते हैं जिनके नाम इस प्रकार हैं- (1.) आबू के राव आल्हण पंवार की पुत्री इच्छिनी पंवार, (2.) मण्डोर के राव नाहड़ प्रतिहार की पुत्री जतन कुंवरि, (3.) देलवाड़ा के रामसिंह सोलंकी की पुत्री प्रताप कुंवरि, (4.) नागौर के दाहिमा राजपूतों की पुत्री

सूरज कुंवरि, (5.) गौड़ राजकुमारी ज्ञान कुंवरि, (6.) बड़गूजरों की राजकुमारी नंद कुंवरि, (7.) यादव राजकुमारी पद्मावती। (8.) गहलोत राजकुमारी कंवर दे (9.) आमेर नरेश पंजन की राजकुमारी जस कुंवरि कछवाही, (10.) मण्डोर के चंद्रसेन की पुत्री चंद्र कुंवरि पड़िहार, (11.) राठौड़ तेजसिंह की पुत्री शशिव्रता, (12.) देवास की सोलंकी राजकुमारी चांद कुंवरि, (13.) बैस राजा उदयसिंह की पुत्री रतन कुंवरि, (14.) सोलंकियों की राजकुमारी सूरज कुंवरि, (15.) झालों की राजकुमारी प्रतापसिंह मकवाणी तथा (16.) कन्नौज की राजकुमारी संयोगिता।

ये समस्त नाम विश्वसनीय नहीं कहे जा सकते किंतु इनमें से अधिकांश नाम सही होने चाहिये। कुछ स्रोतों में रानी शशिव्रता को यादवों की बेटी बताया गया है।

कुछ स्रोतों में पृथ्वीराज चौहान की तेरह रानियां बताई गई हैं इनमें जम्भावती पडिहारी, पंवारी इच्छनी, दाहिया, जालन्धरी, गूजरी, बडगूजरी, यादवी पद्मावती, यादवी शशिव्रता, कछवाही, पुण्डीरनी, इन्द्रावती तथा संयोगिता गाहड़वाल के नाम सम्मिलित हैं।

पृथ्वीराज रासो काव्य में उल्लेख है कि पृथ्वीराज जब 11 वर्ष का था, तब उसका प्रथम विवाह हुआ था। उसके पश्चात् जब तक पृथ्वीराज बाईस वर्ष का हुआ, तब तक उसका प्रतिवर्ष एक-एक विवाह होता रहा। पृथ्वीराज का अंतिम विवाह कन्नौज के राजा जयचंद गाहड़वाल की पुत्री संयोगिता के साथ हुआ।

राजा पृथ्वीराज चौहान का प्रथम विवाह मण्डोर के पड़िहार राजा की पुत्री जम्भावती के साथ हुआ था। कुछ लेखकों ने इस पड़िहार राजा का नाम नाहड़ राव लिखा है, जो कि सही नहीं है। मण्डोर, जालोर, भीनमाल एवं कन्नौज के प्रतिहार शासक नाहड़राव को इतिहास में नागभट्ट (द्वितीय) के नाम से भी जाना जाता है, उसका काल पृथ्वीराज चौहान से लगभग चार शताब्दी पहले का है। इसलिए पृथ्वीराज चौहान की पड़िहारी रानी के पिता का नाम नाहड़राव नहीं होकर कुछ और रहा होगा।

पृथ्वीराज रासो की एक हस्तलिखित प्रति में राजा पृथ्वीराज चौहान की केवल पांच रानियों जम्भावती, इच्छनी, यादवी शशिव्रता, हंसावती और संयोगिता के नाम मिलते हैं। पृथ्वीराज रासो की एक अन्य लघु हस्तलिखित प्रति में केवल दो रानियों के नाम इच्छनी और संयोगिता दिए गए हैं। पृथ्वीराज रासो की एक और छोटी हस्तलिखित प्रति मिली है जिसमें केवल रानी संयोगिता का ही नाम उपलब्ध है। इस प्रकार रानी संयोगिता का नाम सभी उपलब्ध हस्तप्रतियों में लिखा हुआ है।

पृथ्वीराज रासो की अलग-अलग आकार की हस्तलिखित प्रतियों से अनुमान होता है कि पृथ्वीराज रासो का मूल आकार कम था किंतु बाद में उसमें व्यर्थ की सामग्री जोड़ी जाती रही। पृथ्वीराज रासो काव्य में उल्लेख है कि चन्द्र पुण्डीर प्रदेश की राजकुमारी चन्द्रावती का विवाह पृथ्वीराज के साथ हुआ था। उसके गर्भ से सपादलक्ष साम्राज्य का उत्तराधिकारी रैणसी उत्पन्न हुआ। यह सही है कि पृथ्वीराज की एक रानी पुण्डीर राजवंश से थी किंतु उसके पुत्र का नाम रैणसी नहीं था, गोविन्द था।

बीकानेर के अनूप संस्कृत पुस्तकालय में सोलहवीं शताब्दी की एक हस्तलिखित पुस्तक में लिखा है कि चौहानों के राज्य में दहिया राजपूतों का छोटा गांव था। दहियों की राजकुमारी अजिया भी पृथ्वीराज की ख्याति सुनकर उससे प्रेम करती थी। वह अपने रक्षकों को साथ लेकर राजा पृथ्वीराज से मिलने के लिए अजयमेरु नगर गई। मार्ग में उसे जांगलू नामक एक ध्वस्त गांव दिखाई दिया जिसे देखकर राजकुमारी बड़ी दुखी हुई। राजकुमारी ने वहाँ अजियापुर नामक नया गांव बसाया। उन्हीं दिनों राजा पृथ्वीराज भी आखेट करता हुआ जाङ्गलू के वनों में आया। वह अजिया को अपनी राजधानी ले गया और उसके साथ विवाह कर लिया।

कहा नहीं जा सकता कि इस कथा में कितनी सच्चाई है किंतु प्राचीन हस्तलिखित पोथियों में राजा पृथ्वीराज की रानियों में दहिया रानी का उल्लेख भी मिलता है। मूथा नैणसी ने भी यह स्वीकार किया है कि राजा पृथ्वीराज चौहान की एक रानी का नाम अजिया था जिसने अजियापुर बसाया था।

हमें इस तथ्य पर भी विचार करना चाहिए कि राजा पृथ्वीराज (तृतीय) के एक पूर्वज पृथ्वीराज (प्रथम) के पुत्र का नाम अजयराज था। उसी अजयराज के नाम पर, जांगलू गांव को अजयपुरा भी कहते थे। पृथ्वीराज (प्रथम) के कुछ सिक्के जांगलू प्रदेश से प्राप्त हुए हैं। अतः यह संभव है कि अजियापुर का सम्बन्ध चौहान राजकुमार अजयराज से रहा हो।

पृथ्वीराज की एक रानी का नाम अजिया अवश्य होगा किंतु उसका सम्बन्ध अजियापुर से हो, यह आवश्यक नहीं है। उस काल में कुंवरी राजकुमारियां अपने अंगरक्षकों के साथ अपने प्रेमियों से मिलने नहीं जाया करती थीं। न ही उनके द्वारा इस प्रकार गांव बसाए जाते थे। इस पूरी कथा में अजिया के माता-पिता आदि का कोई उल्लेख नहीं है। अतः अजिया की प्रेमगाथा में इतिहास एवं साहित्यिक कल्पना दोनों का मिश्रण हुआ जान पड़ता है।

❑❑❑

चौदह

सम्राट पृथ्वीराज चौहान की रानी इच्छिनी की इतिहास कथा!

हमने सम्राट पृथ्वीराज की दहिया रानी अजिया की चर्चा की थी। अजिया की ही तरह सम्राट पृथ्वीराज की कुछ अन्य रानियों के साथ प्रेम-कथाएं भी जुड़ी हुई हैं जिनके अध्ययन से ज्ञात होता है कि विभिन्न राज्यों की राजकुमारियां सम्राट पृथ्वीराज चौहान की वीरता के किस्से सुनकर सम्राट से प्रेम करने लगती थीं तथा वे पृथ्वीराज से विवाह करने के लिए परिस्थितियों से संघर्ष करती थीं। वस्तुतः पृथ्वीराज चौहान के नाम से संलग्न ये प्रेम कथाएं इस बात की द्योतक हैं कि राजा पृथ्वीराज द्वारा अपने शत्रुओं पर प्राप्त की गई विजयों के कारण वह इतना प्रसिद्ध हो गया था कि लोक साहित्य में पृथ्वीराज चौहान को भी ढोला-मारू तथा मूमल-महेन्द्रा की तरह लोककथाओं का नायक बना दिया गया था।

इसी तरह की कथाओं में एक कथा पृथ्वीराज की रानी इच्छिनी परमार की भी मिलती है। पृथ्वीराज रासो में आई इस कथा के अनुसार आबू के परमार शासक सलख की दो पुत्रियां थीं जिनमें से बड़ी पुत्री मंदोदरी का विवाह अन्हिलपाटन के चौलुक्य शासक भीमदेव के साथ हआ था जिसे इतिहास में भोला भीम भी कहते हैं। चौलुक्य राजा भीमदेव, परमार राजा सलख की छोटी पुत्री इच्छिनी से भी विवाह करना चाहता था क्योंकि राजकुमारी इच्छिनी अपनी बड़ी बहिन मंदोदरी से भी अधिक सुंदर थी किंतु राजा सलख अपनी छोटी पुत्री इच्छिनी का विवाह अजयमेरु के राजा पृथ्वीराज चौहान से करना चाहता था।

चौहानों एवं चौलुक्यों की परस्पर शत्रुता के चलते चौलुक्य राजा भोला भीम यह नहीं चाहता था कि परमारों की राजकुमारी का विवाह चौहान शासकों से हो। इसलिए राजा भीमदेव चौलुक्य ने आबू के परमार राजा सलख पर आक्रमण कर दिया। इस पर राजा सलख ने अजयमेरु के शासक पृथ्वीराज चौहान को अपनी रक्षा के लिए आमंत्रित किया। राजा पृथ्वीराज चौहान अपनी सेना लेकर आबू पहुंचा तथा उसने चौलुक्य राजा भीमदेव का आक्रमण विफल कर दिया।

इसके बाद परमार राजा सलख ने अपनी छोटी पुत्री इच्छिनी का विवाह पृथ्वीराज चौहान के साथ कर दिया। पृथ्वीराज रासो में आई इस कथा के अनुसार इसके बाद चौलुक्य शासक भोला भीम ने अजमेर पर आक्रमण करके अजमेर के राजा सोमेश्वर को मार डाला। इसके बाद राजा पृथ्वीराज चौहान ने भोला भीम पर आक्रमण करके उसे मार डाला। हालांकि अब यह स्थापित हो चुका है कि न तो चौलुक्य शासक भोला भीम ने सोमेश्वर को मारा था और न सोमेश्वर के पुत्र पृथ्वीराज चौहान ने भोला भीम को मारा था। अतः ऐतिहासिक तथ्यों की तुला में राजकुमारी इच्छनी की कथा के विभिन्न प्रसंग सही नहीं ठहरते।

आबू के परमार शासकों में सलख नाम का कोई राजा नहीं हुआ है। गौरीशंकर हीराचंद ओझा के अनुसार उस समय आबू में धारावर्ष परमार का शासन था न कि सांखला परमार का। डॉ. दशरथ शर्मा सहित अनेक इतिहासकारों ने इच्छिनी के अस्तित्व को ही स्वीकार नहीं किया है। डॉ. रामवृक्ष सिंह ने इस कथा को ऐतिहासिक माना है किंतु उन्होंने अन्य संदर्भों से मिले तथ्यों की बजाय पृथ्वीराज रासो पर अधिक विश्वास किया है।

पृथ्वीराज चौहान के एक सेनापति का नाम सलख परमार था जो कि परमारों की भीनमाल शाखा से सम्बन्धित था। पर्याप्त संभव है कि पृथ्वीराज की रानी इच्छिनी इसी सलख परमार की पुत्री रही हो। डॉ. रामवृक्षसिंह के अनुसार अन्हिलवाड़ा के राजा कुमारपाल चौलुक्य ने आबू के राजा विक्रमसिंह पंवार को ई. 1145 में आबू से हटा दिया तथा उसके स्थान पर यशोधवल को आबू का राजा नियुक्त किया। इस सम्बन्ध में सिरोही जिले के अजारी गांव में एक शिलालेख भी मिलता है।

डॉ. रामवृक्षसिंह के अनुसार विक्रमसिंह पंवार के पुत्र सलख ने अपनी राजनीतिक स्थिति मजबूत करने के लिए अपनी पुत्री इच्छिनी का विवाह पृथ्वीराज चौहान से किया था ताकि पृथ्वीराज चौहान से सैनिक सहायता प्राप्त करके अपने खोए हुए राज्य आबू पर फिर से अधिकार कर सके। वस्तुतः डॉ. रामवृक्षसिंह का यह मत इसलिए सही नहीं माना जा सकता कि सलख आबू के परमारों में से नहीं होकर भीनमाल के परमारों में से था। रासमाला नामक ग्रंथ में पृथ्वीराज की रानी इच्छिनी को परमार सलख की पौत्री माना गया है। अतः विभिन्न संदर्भों से मिले तथ्यों के आधार पर यह तो माना जा सकता है कि राजा पृथ्वीराज चौहान की एक रानी का नाम इच्छिनी पंवारी रहा होगा किंतु उसके साथ जुड़ी हुई कथाएं सही नहीं हैं।

❑❑❑

पन्द्रह

सम्राट पृथ्वीराज चौहान की रानी चंद्रावती पुण्डीर की इतिहास कथा!

पृथ्वीराज रासो नामक काव्य में यह वर्णन मिलता है कि राजा चंद्र पुण्डीर की राजकुमारी चंद्रावती का विवाह पृथ्वीराज चौहान के साथ हुआ था जिसके गर्भ से सपादलक्ष के उत्तराधिकारी रैणसी ने जन्म लिया था। हमने पूर्व में भी यह चर्चा की थी कि रैणसी एक काल्पनिक पात्र है, चंद्रावती के पुत्र का नाम गोविंद था।

इतिहासकारों में इस बात पर कोई मतभेद नहीं है कि चंद्र पुण्डीर की एक पुत्री राजा पृथ्वीराज चौहान से ब्याही गई थी किंतु राजा चंद्र पुण्डीर कौन था तथा कहाँ का शासक था, उसका इतिहास निर्दयी काल की धुंध में छिप गया है।

अजमेर के चौहानों एवं पुण्डीर राजाओं का सम्बन्ध अजमेर के चौहान शासक विग्रहराज राज (चतुर्थ) के समय से आरम्भ हुआ था। पाठक जानते हैं कि राजा विग्रहराज (चतुर्थ), राजा पृथ्वीराज (तृतीय) का ताऊ था। विग्रहराज (चतुर्थ) पहला

राजा था जिसने दिल्ली एवं तराइन क्षेत्र के राजाओं को पराजित करके उन्हें चौहान साम्राज्य में सम्मिलित किया था।

पुण्डीरों का प्राचीन राज्य पुण्डरक इसी क्षेत्र में स्थित था। उसी समय से पुण्डीर अजमेर के चौहानों के अधीन हो गए। पुण्डीर राजपूतों का यह राज्य आधुनिक करनाल से अधिक दूर नहीं था। तराइन नामक युद्ध का मैदान भी पुण्डरक के निकट स्थित था। तराइन के इस मैदान को इतिहासकार अब नरैना कहने लगे हैं तथा अनुमान है कि यह हरियाणा के पंचकूला के निकट स्थित था।

विभिन्न साक्ष्यों के आधार पर इतिहासकारों का अनुमान है कि विग्रहराज (चतुर्थ) के शिवालिक अभियान में पुण्डीर राजवंश का कोई राजकुमार या राजा विग्रहराज (चतुर्थ) के साथ था। इसकी पहचान शिवालिक स्तम्भ लेख में उल्लिखित 'सलक्षण पालदेव' नामक 'राजपुत्र' से की जाती है जिसके निर्देशन में यह शिलालेख स्थापित किया गया था।

डॉ. दशरथ शर्मा ने 'अर्ली चौहान डाइनेस्टी' में लिखा है कि चन्द्रराज, गोपाल पुण्डीर का पुत्र था तथा पृथ्वीराज चौहान का सीमान्त-सामंत था। इसी चंद्र पुण्डीर की एक पुत्री चंद्रावती का विवाह राजा पृथ्वीराज चौहान से हुआ था।

जैन मुनि नयनचंद सूरी ने अपने ग्रंथ हम्मीर महाकाव्य में लिखा है कि जब मुहम्मद गौरी ने सरहिंद के दुर्ग पर अधिकार करके निकटवर्ती प्रदेश में लूटपाट एवं मंदिरों का विध्वंस करना आरम्भ किया तब सरहिंद क्षेत्र के बहुत सारे लोग राय पिथौरा से मिलने के लिए अजमेर आए। चंद्र पुण्डीर भी इन लोगों में सम्मिलित था।

चंद्र पुण्डीर तथा उसके साथ आए सरहिंद के निवासियों ने राजा पृथ्वीराज को एक हाथी भेंट किया तथा उसे मुहम्मद गौरी द्वारा किए जा रहे अत्याचारों के बारे में बताया।

मुस्लिम इतिहासकारों ने सरहिंद के इस दुर्ग को तबरहिंद कहकर सम्बोधित किया है तथा लिखा है कि मुहम्मद गौरी ने तबरहिंद का दुर्ग चौहानों के किलेदार से छीनकर अपने विश्वस्त काजी जियाउद्दीन काजी को दे दिया तथा उसके अधीन एक छोटी सी फौज तबरहिंद में रखकर गजनी चला गया।

राजा पृथ्वीराज को चंद्र पुण्डीर तथा उसके साथ आए अन्य लोगों की बात सुनकर मुहम्मद गौरी की कार्यवाही पर बड़ा क्रोध आया। उसने तीन हजार हाथियों एवं कई हजार अश्वरोहियों की सेना लेकर सरहिंद के लिए कूच किया। दिल्ली का

राजा गोविंदराय तोमर भी राजा पृथ्वीराज चौहान के साथ था। यद्यपि इस युद्ध में चंद्रराज पुण्डीर की भूमिका के बारे में कोई विवरण नहीं मिलता तथापि तत्कालीन परिस्थितियों के आधार पर यह कहा जा सकता है कि निश्चित रूप से चंद्रराज पुण्डीर भी इस युद्ध में पृथ्वीराज के साथ रहा होगा।

पृथ्वीराज रासो के अनुसार चंद्र पुण्डीर राजा पृथ्वीराज चौहान द्वारा संयोगिता के हरण के समय कन्नौज की सेना से लड़ता हुआ वीरगति को प्राप्त हुआ था। चंद्र पुण्डीर की मृत्यु के बाद उसका पुत्र धीर पुण्डीर उसका उत्तराधिकारी हुआ। वह बड़ा बलवान और वीर योद्धा था। धीर पुण्डीर ने कांगड़ा के राजा हाहुलीराय का सिर काटकर पृथ्वीराज चौहान को अर्पित किया था।

चंद्र पुण्डीर के पौत्र पावस पुण्डीर और उसकी सेना ने तराइन के द्वितीय युद्ध में भाग लिया था और अद्भुत पराक्रम का प्रदर्शन किया था। पावस पुण्डीर ने उसी युद्ध में अपने प्राणों का बलिदान दिया था।

राजा चंद्र पुण्डीर तथा उसकी पुत्री चंद्रावती के बारे में इतिहास में केवल इतनी ही जानकारी मिलती है। हालांकि पृथ्वीराज रासो में इसी चंद्रावती के गर्भ से रेणसी नामक पुत्र के जन्म लेने की बात कही गई है जबकि इतिहासकार इस पुत्र का नाम गोविंदराज मानते हैं तथा उसे पृथ्वीराज का एकमात्र पुत्र मानते हैं। यह अपने पिता के समय में ही सेना का संचालन करता था।

हम्मीर महाकाव्य ने भी पृथ्वीराज के पुत्र का नाम गोविंदराज बताया है। तत्कालीन मुस्लिम इतिहासकारों ने पृथ्वीराज के किसी भी पुत्र का उल्लेख नहीं किया है। पृथ्वीराज रासो में रेणसी, गोविंदराज, बलभद्र भरत, अक्षय कुमार, जोध एवं लाखन भी पृथ्वीराज चौहान के पुत्र बताये हैं।

❑❑❑

सोलह

सम्राट पृथ्वीराज चौहान की रानी पद्मावती की इतिहास-कथा!

पृथ्वीराज रासो काव्य में 'पद्मावतीसमय' नामक एक आख्यान दिया गया है। इसके अनुसार पूर्व दिशा में समुद्रशिख नामक प्रदेश पर विजयपाल यादव नामक राजा राज्य करता था। उसकी पत्नी का नाम पद्मसेना तथा पुत्री का नाम पद्मावती था। एक दिन राजकुमार पद्मावती राजभवन के उद्यान में विचरण कर रही थी। उस समय एक शुक अर्थात् तोता पद्मावती के लाल होठों को बिम्बाफल मानकर उसे खाने के लिए आगे बढ़ा। उसी समय पद्मावती ने शुक को पकड़ लिया।

वह शुक मनुष्यों की भाषा बोलता था। उसने पद्मावती का मनोरंजन करने के लिए एक कथा सुनाई। इस पर राजकुमारी पद्मावती ने पूछा- ***'हे शुकराज! आप कहाँ निवास करते हैं? आपके राज्य का राजा कौन है?'***

इस पर शुक ने कहा- ***'हिन्दूओं के उत्तम प्रदेश हिन्दुस्थान में दिल्ली नामक एक सुंदर नगरी है। उसके अधिपति राजा पृथ्वीराज चौहान हैं। वे सोलह वर्ष के हैं तथा उनका बल देवराज इन्द्र के समान है। उनके सभी सामान्त भी अत्यन्त पराक्रमी हैं। पृथ्वीराज की भुजा में भीमसेन के समान बल है। पृथ्वीराज तीन बार शहाबुद्दीन ग़ोरी नामक राजा को पराजित कर चुका है। उसके धनुष के प्रत्यंचा की ध्वनि अति भयानक होती है। वह शब्दभेदी बाण चलाने में समर्थ हैं। राजा पृथ्वीराज वचनपालन में दैत्यराज बलि, दान में अंगराज कर्ण, सत्कार्यों में सम्राट विक्रमादित्य और आचरण में सत्यवादी राजा हरिश्चन्द्र के समान है। उसका जन्म कलियुग में दुष्टों का संहार करने के लिए हुआ है। वह चौदह कलाओं से सम्पन्न तथा कामदेव के समान सुंदर है।'***

शुक के मुख से राजा पृथ्वीराज की प्रशंसा सुनकर यादव कुमारी पद्मावती का मन पृथ्वीराज के प्रति अनुरक्त हो गया परन्तु पद्मावती के पिता विजयपाल ने पद्मावती का विवाह कुमाऊँ प्रदेश के राजा कुमुदमणि के साथ निर्धारित कर दिया

था। इसलिए राजकुमारी ने शुक से कहा- *'हे कीर! आप शीघ्र ही दिल्ली जाकर मेरे प्रिय पृथ्वीराज को बुला लाइए।'*

राजकुमारी पद्मावती ने शुक को एक पत्र भी दिया जिसमें उसने लिखा- *'हे क्षत्रिय कुलभूषण! मैं तन-मन से आपसे प्रेम करती हूँ। आप मेरा पाणिग्रहण करके मेरे प्राणों की रक्षा करें। जैसे श्रीकृष्ण ने रुक्मिणी का हरण किया था, वैसे ही आप मेरा हरण करके मुझे कृतार्थ करें।'*

शुक ने वायुवेग से दिल्ली पहुंचकर राजा पृथ्वीराज को राजकुमारी पद्मवती का पत्र दिया। पृथ्वीराज ने अपनी सेना एवं सामन्तों को अपने साथ लेकर समुद्रशिखर नामक नगर के लिए प्रस्थान किया। दूसरी ओर राजा कुमुदमणि भी कुमाऊँ से बारात लेकर चल पड़ा।

जब इन दोनों राजाओं के समुद्रशिखर की तरफ रवाना होने के समाचार मुहम्मद गौरी को मिले तो वह भी एक सेना लेकर समुद्रशिखर की ओर बढ़ने लगा। राजकुमारी पद्मवती को राजा कुमुदमणि के आगमन का समाचार तो मिल गया किंतु राजा पृथ्वीराज का कोई समाचार नहीं मिला। इस कारण पद्मावती अत्यंत व्याकुल हो गई।

एक दिन अचानक शुक फिर से आया और उसने राजकुमारी से कहा- *'हे सुन्दरि! तुम्हारे प्रियतम समीप के शिव मन्दिर में हैं। तुम शीघ्र ही वहाँ जाओ।'*

पद्मावती नवीन वस्त्र धारण करके अपनी सखिओं के साथ स्वर्ण-थाली में दीप लेकर शिवालय पहुंची तथा माता पार्वती की पूजा करके राजा पृथ्वीराज से मिली। राजा पृथ्वीराज ने पद्मावती का हाथ पकड़कर उसे अपने घोड़े पर बैठा लिया तथा अपनी राजधानी दिल्ली के लिए रवाना हो गया।

यह दृश्य देखकर पद्मावती की सखियाँ आश्चर्य चकित रह गईं। उन्हें राजकुमारी पद्मवती एवं राजा पृथ्वीराज के प्रेम के बारे में कुछ भी पता नहीं था। उन्होंने राजमहल पहुंचकर राजा को इस घटना की सूचना दी। जब राजा विजयपाल और राजा कुमुदमणि को राजकुमारी पद्मावती का हरण कर लिए जाने के समाचार मिले तो वे दोनों राजाएं अपनी-अपनी सेनाएं लेकर राजा पृथ्वीराज चौहान के पीछे दौड़े। इस पर पृथ्वीराज तो दिल्ली की तरफ बढ़ता रहा किंतु उसके सामन्तों ने विजयपाल एवं कुमुदमणि का मार्ग रोका। पृथ्वीराज के सामंतों ने इन दोनों राजाओं को परास्त कर दिया तथा वे भी दिल्ली की तरफ बढ़े।

मार्ग में मुहम्मद गौरी ने अपने सैनिकों के साथ राजा पृथ्वीराज के ऊपर आक्रमण किया। दोनों पक्षों में घनघोर युद्ध हुआ जिसमें मुहम्मद गौरी की सूना परास्त हो गई। पृथ्वीराज ने मुहम्मद गौरी को बन्दी बना लिया। दिल्ली पहुंचने पर राजा पृथ्वीराज ने दुर्गा मन्दिर में राजकुमारी पद्मावती के साथ विवाह कर लिया।

इतिहासविदों ने रानी पद्मावती के कथानक को मनगढ़ंत माना है क्योंकि इतिहास की किसी पुस्तक में समुद्रशिखर नामक दुर्ग का उल्लेख नहीं मिलता है। इस युद्ध में दोनों ओर से तोपों का प्रयोग किया जाना लिखा है किंतु बारहवीं शताब्दी ईस्वी में भारत में तोपें नहीं आई थीं, न उस काल में किसी तुर्क शासक के पास तोपें थीं।

वस्तुतः राजा पृथ्वीराज की एक रानी का नाम पद्मावती था जो कि मरुस्थल के राजा पाल्हण परमार की पुत्री थी। पद्मावती के भाई का नाम कतिया था जो मरुस्थल का मण्डलेश्वर था। जैसलमेर जिले के पोकरण कस्बे से ई.1180 का एक शिलालेख मिला है जिसमें कहा गया है कि सम्राट पृथ्वीराज की आज्ञा से कतिया नामक मण्डलेश्वर ने विजयपुर के लोकेश्वर मन्दिर में पिहिलापाउल नामक ग्राम का दान किया था। ग्राम के साथ तड़ाग एवं विशाल वनखण्ड भी दान में दिये थे।

डॉ. दशरथ शर्मा ने पृथ्वीराज की रानी पद्मावती की पहचान कान्हड़दे प्रबंध में उल्लिखित रानी पद्मावती से की है तथा उसे राजा पाल्हण की पुत्री बताया है जो किराडू के आसपास का स्वामी था।

इन्हीं ऐतिहासिक तथ्यों को काम में लेते हुए किसी लेखक ने रानी पद्मावती की प्रेमगाथा का रूपक खड़ा कर दिया तथा उसे पृथ्वीराज रासो में जोड़ दिया। फिर भी इतना अवश्य कहा जा सकता है कि रानी पद्मावती के आख्यान का ऐतिहासिक महत्व भले ही नहीं हो, साहित्यिक महत्व अवश्य है।

इस कथा में रहस्य-रोमांच, छंद-अलंकार, विरह-मिलन, युद्ध एवं शृंगार आदि वे समस्त तत्व उपलब्ध हैं जो एक श्रेष्ठ साहित्यिक रचना के लिए आवश्यक होते हैं किंतु इसमें इतिहास उपलब्ध नहीं है। यह संभव है कि पृथ्वीराज रासो में दी गई रानी पद्‌वती की कथा जिस प्राचीन लोकाख्यान के आधार पर गढ़ी गई होगी, संभवतः वही प्राचीन कथा सोलहवीं शताब्दी इस्वी में मलिक मुहम्मद जायसी द्वारा रचित पद्मावत का भी आधार बनी होगी।

❑❑❑

सत्रह

यदि चौहान राज्य के नागरिकों को तंग किया तो तुझे गधे के पेट में सिलवा दूंगा!

ई.1182 में भण्डानकों का दमन करने के पश्चात् राजा पृथ्वीराज चौहान की शक्ति में अद्भुत वृद्धि हो गई। इस समय पृथ्वीराज की आयु मात्र 16 वर्ष थी। उसने अपनी बढ़ी हुई शक्ति का उपयोग अपने साम्राज्य की सीमाओं में वृद्धि करने के लिए किया।

चौहानों की सेना में बड़ी संख्या में अश्व सैनिक, हस्ति सैनिक और पदाति सैनिक भर्ती किए जाते थे। पृथ्वीराज के राजा बनने के समय उसकी सेना में 70 हजार अश्वारोही सैनिक थे। समय के साथ यह संख्या बढ़ती चली गई थी।

पृथ्वीराज चौहान के काल में मण्डोर के पड़िहार शासक, अजमेर के चौहानों के अधीन हो गए। पाठकों को स्मरण होगा कि चौहानों के उद्भव काल में

सपादलक्ष के चौहान शासक, गुर्जर-प्रतिहारों के अधीन हुआ करते थे। कुछ लेखकों के अनुसार मण्डोर के पड़िहार शासक ने पृथ्वीराज चौहान के हाथों पराजित होने के बाद अपनी पुत्री जतन कंवर का विवाह पृथ्वीराज चौहान के साथ किया। कुछ संदर्भ इस राजा का नाम चंद्रसेन पड़िहार बताते हैं।

'तबकाते नासिरी' नामक ग्रंथ में लिखा है कि जम्मू के शासक विजयराज और पृथ्वीराज चौहान के सम्बन्ध अच्छे नहीं थे। इसलिए पृथ्वीराज की सेना ने जम्मू पर आक्रमण करके जम्मू राज्य को लूटा। इससे अनुमान होता है कि पृथ्वीराज के काल में चौहान राज्य की सीमाएं दिल्ली से काफी ऊपर जम्मू तक जा पहुंची थीं।

हम्मीर महाकाव्य में जम्मू को 'घटैक देश' कहा गया है। 'पुरातन प्रबंध संग्रह' में लिखा है कि प्रधानमंत्री कैमास ने राजा पृथ्वीराज को समझाया था कि वह जम्मू के राजा का विरोध न करे किंतु पृथ्वीराज चौहान ने प्रधानमंत्री कैमास की बात नहीं मानी। कुछ ग्रंथों में जम्मू के राजा का नाम चक्रदेव दिया गया है।

पृथ्वीराज रासो में कहा गया है कि कांगड़ा का राजा हाहुलीराय तराईन के दूसरे युद्ध में मुहम्मद गौरी की तरफ से लड़ा।

कुछ ग्रंथों में बताया गया है कि तराईन के दूसरे युद्ध में जम्मू के राजा को पृथ्वीराज के सामंत चामुण्डराय दाहिमा ने मार डाला था। कुछ ग्रंथों में हाहुलीराय को जम्मू का राजा लिखा गया है।

इन तथ्यों के आधार पर कहा जा सकता है कि जम्मू अथवा कांगड़ा का राजा पृथ्वीराज चौहान से शत्रुता रखता था और वह पृथ्वीराज के किसी सेनापति द्वारा युद्ध क्षेत्र में मारा गया।

निरंतर किए गए युद्धों एवं प्राप्त विजयों के कारण पृथ्वीराज चौहान के राज्य की सीमायें उत्तर-पश्चिम में मुस्लिम सत्ता से, दक्षिण-पश्चिम में चौलुक्यों से तथा पूर्व में चंदेलों के राज्य से जा मिलीं। चंदेलों के राज्य को बुन्देलखण्ड राज्य, जेजाकभुक्ति तथा महोबा राज्य भी कहा जाता है।

पृथ्वीराज चौहान के काल में चौहान-चौलुक्य संघर्ष फिर से उठ खड़ा हुआ। पृथ्वीराज रासो में इस संघर्ष के पीछे जो कारण बताए गए हैं, उनकी ऐतिहासिकता गलत सिद्ध हो चुकी है। इस संघर्ष के कारण जो भी रहे हों किंतु वास्तविकता यह थी कि चौहानों तथा चौलुक्यों के बीच शत्रुता विगत कई शताब्दियों से चली आ रही

थी तथा पृथ्वीराज चौहान की राज्य-विस्तार की नीति के कारण दोनों राज्यों की सीमायें आबू के आसपास एक दूसरे को छूने लगी थीं।

इधर चौहान शासक पृथ्वीराज (तृतीय) और उधर चौलुक्य शासक भीमदेव (द्वितीय) दोनों ही महत्त्वाकांक्षी राजा थे। इसलिये दोनों में युद्ध होना अवश्यम्भावी था। खतरगच्छ पट्टावली में ई.1187 में पृथ्वीराज द्वारा गुजरात अभियान करने का वर्णन मिलता है। वीरावल अभिलेख से इस अभियान की पुष्टि होती है। कुछ साक्ष्य इस युद्ध की तिथि ई.1184 बताते हैं। इस युद्ध में चौलुक्यों की पराजय हो गई।

बड़ी कठिनाई से चौलुक्यों के महामंत्री जगदेव प्रतिहार के प्रयासों से चौहानों एवं चौलुक्यों में संधि हुई। संधि की शर्तों के अनुसार चौलुक्यों ने पृथ्वीराज चौहान को युद्ध की क्षतिपूर्ति के रूप में काफी धन दिया।

खतरगच्छ पट्टावली के अनुसार इस युद्ध के बाद एक बार अजमेर राज्य के कुछ धनी व्यक्ति गुजरात गए। इस पर गुजरात के दण्डनायक ने उन व्यापारियों से भारी राशि वसूलने का प्रयास किया। जब चौलुक्यों के महामंत्री जगदेव प्रतिहार को यह बात ज्ञात हुई तो उसने दण्डनायक को लताड़ा क्योंकि जगदेव के प्रयासों से ही चौलुक्यों एवं चौहानों के बीच संधि हुई थी और वह नहीं चाहता था कि यह संधि टूटे।

इसलिये जगदेव ने दण्डनायक को धमकाया कि यदि तूने चौहान साम्राज्य के नागरिकों को तंग किया तो मैं तुझे गधे के पेट में सिलवा दूंगा। इस प्रकरण से यह सिद्ध होता है कि इस काल में चौलुक्यों के लिए चौहानों के साथ शांति बनाए रखना अत्यंत आवश्यक हो गया था।

वीरावल से मिले वि.सं.1244 के जगदेव प्रतिहार के लेख में इससे पूर्व भी अनेक बार पृथ्वीराज से परास्त होना सिद्ध होता है। इस अभियान में ई.1187 में पृथ्वीराज चौहान ने आबू के परमार शासक धारावर्ष को भी हराया।

❑❑❑

अट्ठारह

राजा पृथ्वीराज चौहान की छाती पर गिद्ध बैठकर मांस नौंचने लगे!

चौहान साम्राज्य की पूर्वी सीमा चंदेलों के राज्य से मिलती थी। चंदेलों के राज्य में मध्यभारत के बुन्देलखण्ड, जेजाकभुक्ति तथा महोबा के क्षेत्र आते थे। कलिंजर का प्रसिद्ध दुर्ग भी इसी राज्य में स्थित था। राजा पृथ्वीराज का ननिहाल चेदि देश भी बुंदेलखण्ड का ही हिस्सा था किंतु उस पर कलचुरियों का शासन था। इस प्रकार चंदेलों एवं कलचुरियों के पूरे प्रदेश को मिलाकर बुंदेलखण्ड कहा जाता था।

राजा पृथ्वीराज के समय में चंदेल राजा परमारदी देव महोबा का राजा था जिसे कुछ ग्रंथों में राजा परमाल भी कहा गया है। महोबा राज्य के दूसरी तरफ कन्नौज राज्य स्थित था। माऊ शिलालेख के अनुसार महोबा के चंदेलों और कन्नौज के गाहड़वालों में मैत्री सम्बन्ध था। चंदेलों और गहड़वालों का संगठन, पृथ्वीराज के लिये सैनिक व्यय का कारण बन गया।

चंदेल राजा परमारदी देव राजा पृथ्वीराज चौहान की विस्तारवादी नीति के कारण चौहानों को अपना शत्रु मानता था। इसलिए ई.1182 में राजा परमारदी देव ने पृथ्वीराज चौहान के कुछ घायल सैनिकों को मरवा दिया। उनकी हत्या का बदला लेने के लिये पृथ्वीराज चौहान ने चंदेलों पर आक्रमण किया। चौहान सेनाएं चंदेल राज्य में घुस गईं तथा लूट-पाट करती हुई महोबा की तरफ बढ़ने लगीं।

राजा पृथ्वीराज चौहान की सेना ने उरई के निकट अपना मुख्य शिविर स्थापित किया। चौहान सेना का संचालन पृथ्वीराज के काका कन्ह चौहान ने किया। पुण्डरक का राजा चंद्र पुण्डीर पृथ्वीराज की सेना के हरावल में रहा। दक्षिण पक्ष की सेना का नेतृत्व पंजवनराय कच्छवाहा ने किया, बाएं पक्ष का संचालन मोहाराय ने किया। राजा पृथ्वीराज एक हाथी पर सवार होकर सेना के मध्य भाग में रहा। प्रधानमंत्री कैमास, सामंत संयमराय तथा कवि चंदबरदाई भी राजा पृथ्वीराज के साथ रहे।

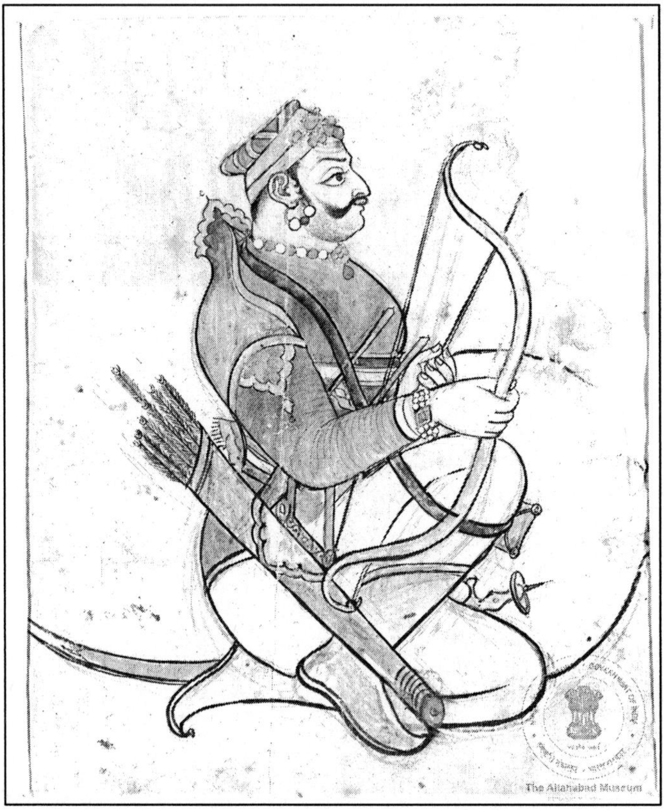

चंदेल राजा परमारदी देव ने भी बड़ी भारी सेना लेकर चौहान सेनाओं का सामना किया। उसने अपने इतिहास-प्रसिद्ध योद्धाओं आल्हा तथा ऊदल को पृथ्वीराज की सेनाओं के विरुद्ध रणक्षेत्र में उतारा। इस प्रकार परमारदी देव की तरफ से चंदेलों के साथ-साथ बनाफरों ने भी भाग लिया।

युद्ध कई दिनों तक चला। कुछ दिनों के युद्ध के बाद चौहानों का पलड़ा भारी पड़ने लगा। तब आल्हा ने अपनी सेना को संभाला। युद्ध के अंतिम दिन युद्ध का रंग बिगड़ते देखकर ऊदल ने अपनी पगड़ी में शालिगरामजी एवं तुलसी बांधी तथा अपने घोड़े से उतरकर भीषण तलवार चलाने लगा। उसके बनाफर एवं चंदेल साथी भी अपने घोड़ों से उतरकर भीषण तलवार चलाने लगे।

राजा पृथ्वीराज चौहान, काका कन्ह चौहान, सामंत पंजवनराय, प्रधानमंत्री कैमास तथ अन्य चौहान सैनिक भी मरने-मारने के संकल्प के साथ अपने घोड़ों से उतर गए तथा तलवार चलाने लगे। उन दिनों हिन्दू वीरों में यह परम्परा थी कि जब वे युद्ध क्षेत्र में प्राण न्यौछावर करने का निर्णय लेते थे तो अपने घोड़े से उतर कर शत्रु पर भीषण प्रहार करते थे ताकि अपने शरीर की सम्पूर्ण ऊर्जा का अधिकतम उपयोग किया जा सके।

दोनों पक्षों में हुए भीषण युद्ध में ऊदल काका कन्ह चौहान के हाथों वीरगति को प्राप्त हुआ। राजा पृथ्वीराज भी मृत्यु के मुख तक जा पहुंचा। आल्ह-खण्ड आदि

अनेक पुस्तकों में इस युद्ध की भयानकता का वर्णन किया गया है। यह युद्ध इतना भयंकर था कि दोनों पक्षों के योद्धा अपने-अपने साथियों की सुधि लेना भी भूल गए। यहाँ तक कि राजा पृथ्वीराज चौहान बुरी तरह घायल होकर युद्ध के मैदान में गिर गया। उसके शरीर पर गिद्ध आकर बैठ गया और उसकी छाती का मांस नौंचकर खाने लगा। पृथ्वीराज का सामंत संयमराय राजा पृथ्वीराज के निकट ही धरती पर पड़ा हुआ था।

संयमराय ने अपने राजा की यह हालत देखी तो उसने अपने शरीर से मांस काटकर गिद्ध की तरफ उछाला। गिद्ध ने राजा पृथ्वीराज को छोड़ दिया तथा संयमराय के शरीर के मांस के टुकड़ों को खाने लगा।

इसी बीच कुछ और चौहान सामंतों की दृष्टि अपने मूर्च्छित राजा की देह पर पड़ी। वे पृथ्वीराज तथा संयमराय की देह को उठाकर ले गए। उन दोनों का उपचार किया गया। राजा तो बच गया किंतु वीर कुलभूषण संयमराय त्याग एवं समर्पण के अनंत उज्ज्वल पथ पर चला गया।

अंत में चंदेल राजा परमारदी देव की पराजय हो गई। ई.1182 के मदनपुर लेख के अनुसार राजा पृथ्वीराज चौहान ने जेजाकभुक्ति के प्रदेश को नष्ट कर दिया। इस शिलालेख के मिलने से पहले इतिहासकार महोबा के युद्ध को काल्पनिक समझा करते थे किंतु मदनपुर के इस छोटे से शिलालेख ने भारत के इतिहास के एक महत्वपूर्ण अध्याय को बदलकर रख दिया।

जैन ग्रंथ शारंगधर पद्धति और प्रबंध चिंतामणि नामक ग्रंथों के अनुसार राजा परमारदी ने मुख में तृण लेकर पृथ्वीराज से क्षमा याचना की।

युद्ध समाप्त होने के पश्चात् धसान नदी के पश्चिमी भाग अर्थात् सागर, ललितपुर, ओरछा, झांसी, सिरस्वागढ़ सहित महोबा राज्य का बहुत सा भू-भाग पृथ्वीराज चौहान के हाथ लगा। उसने अपने सामंत पंजवनराय को विजित क्षेत्र का प्रांतपति नियुक्त किया। महोबा राज्य पर विजय प्राप्त करने के बाद राजा पृथ्वीराज के राज्य की सीमाएं कन्नौज राज्य से जा लगीं।

यद्यपि इस युद्ध में राजा परमारदी देव परास्त हो गया किंतु उसका राज्य नष्ट नहीं हुआ। वह ई.1203 तक महोबा पर राज्य करता रहा। ई.1203 में मुसलमानों ने उसका राज्य नष्ट किया।

❑❑❑

उन्नीस

राजकुमारी चंद्रावल, नौलखा हार और पारस पत्थर के लिए राजा पृथ्वीराज ने चंदेलों पर आक्रमण किया!

पिछले आलेख में हमने विभिन्न इतिहासकारों द्वारा प्रस्तुत मतों एवं शिलालेखों के आधार पर चौहान-चंदेल संघर्ष की चर्चा की थी। इस आलेख में हम आल्हखण्ड के आधार पर चौहान-चंदेल संघर्ष की चर्चा करेंगे जिसे 'परमाल रासो' भी कहा जाता है। इस ग्रंथ के अनुसार दिल्ली नरेश पृथ्वीराज चौहान ने राजा परमारदी देव चंदेल की राजकुमारी चंद्रावल, नौलखा हार एवं पारस मणि लेने के लिए महोबा राज्य पर चढ़ाई की।

इस ग्रंथ में आई कथा के अनुसार श्रावण की पूर्णिमा के दिन अर्थात् रक्षाबंधन के पर्व वाले दिन राजकुमारी चंद्रावल अपनी सखियों के साथ कीरत सागर में कजली दफन करने पहुंची, तभी पृथ्वीराज चौहान ने महोबा पर आक्रमण कर दिया। राजकुमारी चंद्रावल ने अपनी सहेलियों के साथ, पृथ्वीराज की सेना से युद्ध किया। इस युद्ध में राजा परमाल का पुत्र राजकुमार अभई वीरगति को प्राप्त हुआ। पृथ्वीराज

चौहान ने राजा परमाल को संदेश भिजवाया कि यदि वह युद्ध से बचना चाहता है तो राजकुमारी चंद्रावल, पारस पत्थर और नौलखा हार राजा पृथ्वीराज को सौंप दे!

राजा परमाल ने पृथ्वीराज की इस मांग को अस्वीकार कर दिया। इस कारण कीरत सागर के मैदान में दोनों सेनाओं के बीच जबर्दस्त युद्ध हुआ। इस कारण बुंदेलखंड की बेटियां उस दिन कजली दफन नहीं कर सकीं। पृथ्वीराज के आक्रमण की सूचना कन्नौज में निवास कर रहे आल्हा और ऊदल तथा कन्नौज के राजा लाखन तक भी पहुंची। ये सभी योद्धा साधुओं का वेश धरकर कीरत सागर के मैदान में पहुंचे। दोनों पक्षों में भयानक युद्ध छिड़ गया।

बैरागढ़ के मैदान में पृथ्वीराज के सेनापति चामुंडराय, जिसे आल्हखंड में चौड़ा कहा गया है, ने धोखे से ऊदल की हत्या कर दी। ऊदल की हत्या के बाद चौहान योद्धा बड़ी तेजी से चंदेल सेना को मारने लगे। जब आल्हा को अपने छोटे भाई ऊदल के वीरगति को प्राप्त होने की सूचना मिली तो वह अपना आपा खो बैठा और पृथ्वीराज चौहान की सेना पर टूट पड़ा। आल्हा के सामने जो भी आया मारा गया।

आल्ह-खण्ड के अनुसार राजा पृथ्वीराज चौहान के दो पुत्र इस युद्ध में मारे गए। एक घंटे के घनघोर युद्ध के बाद राजा पृथ्वीराज और वीर आल्हा आमने-सामने हो गए। दोनों में भीषण युद्ध हुआ। इस युद्ध में राजा पृथ्वीराज चौहान बुरी तरह घायल हुआ। आल्हा के गुरु गोरखनाथ के कहने पर आल्हा ने पृथ्वीराज चौहान को जीवनदान दिया। आल्हा ने उसी क्षण युद्ध बंद कर दिया और गुरु के आदेश पर नाथ पंथ स्वीकार करके योगी बन गया।

युद्ध के कारण बुंदेलखंड की लड़कियां रक्षाबंधन के दूसरे दिन कजली दफन कर सकीं। आज सैंकड़ों साल बीत जाने के बाद भी आल्हा-ऊदल की विजय के उपलक्ष्य में प्रति वर्ष कीरत सागर मैदान में कजली मेला भरता है। इस दिन महोबा के लोग विजय-उत्सव मनाते हैं। इस कारण महोबा क्षेत्र में रक्षाबंधन का पर्व दूसरे दिन मनाया जाता है।

इस युद्ध में वीरगति को प्राप्त होने वाले योद्धा ऊदल की स्मृति में महोबा में एक चौक का नाम ऊदल-चौक रखा गया है। ऊदल के सम्मान में आज भी लोग इस चौक में घोड़े पर सवार होकर नहीं जाते हैं।

जेम्स ग्रांट नामक एक अंग्रेज ने लिखा है- ***'एक बार एक बारात जा रही थी और दूल्हा घोड़े पर बैठा था। जैसे ही बारात ऊदल चौक पर पहुंची,***

घोड़ा भड़क गया और उसने दूल्हे को पटक दिया। मैं परंपरागत रूप से सुनता आया हूँ कि ऊदल चौक पर कोई घोड़े पर बैठकर नहीं जा सकता और आज मैंने उसे प्रत्यक्ष रूप से देख भी लिया।'

आल्हा-ऊदल के नाम पर महोबा शहर में एक चौक में आल्हा-ऊदल की विशाल प्रतिमाएं स्थापित की गई हैं। आल्हा अपने वाहन गज पशचावद पर सवार हैं जबकि ऊदल अपने उड़न-घोड़े बेदुला पर सवार हैं। ये दोनों प्रतिमाएं भीमकाय और जीवंत हैं। इन्हें देखने के लिए लोग दूर-दूर से आते हैं।

कीरत सागर के किनारे आल्हा की चौकी है जिसके बारे में कहा जाता है कि यहाँ आल्हा के सैनिक रहा करते थे। मदन सागर में आल्हा के पुत्र इंदल की चौकी बताई जाती है। आल्हखंड के अनुसार इंदल भी अपने पिता आल्हा की तरह अमर हुआ। जब गुरु गोरखनाथ ने यह देखा कि आल्हा अपने दिव्य अस्त्रों से पृथ्वीराज का वध कर देगा तो वे इंदल को लेकर कदली वन चले आए। इस कदली वन की पहचान हजारी प्रसाद द्विवेदी ने उत्तराखंड के तराई क्षेत्र से की है।

आल्ह-खण्ड के बहुत से वर्णन अतिशयोक्ति-पूर्ण हैं। लड़ाइयों में कहीं-कहीं केवल पात्रों के नाम बदल जाते हैं। शेष घटनाएँ वही रहती हैं। भौगोलिक जानकारियां गलत हैं। कुछ नगरों और गढ़ों के नाम काल्पनिक हैं। एक-एक लड़ाई में लाखों सैनिकों के मारे जाने का उल्लेख है। पशु-पक्षी भी आल्हा-ऊदल द्वारा लड़ी गई लड़ाइयों में साधक या बाधक होते दर्शाए गए हैं। इस ग्रंथ में उड़ने वाले बछेड़े हैं, चमत्कृत करने वाली शक्तियाँ रखने वाली जादूगरनियाँ और बिड़िनियाँ हैं। कबंध अर्थात् सिर रहित धड़ युद्ध करते हुए दर्शाए गए हैं।

स्थान-भेद और बोली के साथ आल्हखण्ड के पात्र भी बदल जाते हैं। कन्नौजी तथा भोजपुरी पाठ में आल्हा का विवाह नैनागढ़ की राजकुमारी सोनवती अर्थात् सुनवा से हुआ है जबकि पश्चिमी हिंदी पाठ में हरिद्वार के राघोमच्छ की पुत्री माच्छिल उसकी पत्नी थी।

इस प्रकार कहा जा सकता है कि आल्हा-खण्ड का ऐतिहासिक महत्व बहुत कम है जबकि उसका साहित्यिक महत्व बहुत है। गेय आंचलिक साहित्य में इस ग्रंथ का कोई अन्य ग्रंथ सानी नहीं रखता।

❑❑❑

बीस

सम्राट पृथ्वीराज चौहान से लड़ते हुए अमर हो गए आल्हा-ऊदल!

पिछले दो आलेखों में हमने विभिन्न स्रोतों के आधार पर चौहान-चंदेल संघर्ष पर चर्चा की थी। इस आलेख में हम महोबा के चंदेल राजा परमारदी देव की ओर से लड़े दो भाइयों आल्हा-ऊदल के सम्बन्ध में लोकमान्यताओं की चर्चा करेंगे। चौहानों तथा चंदेलों के बीच हुए युद्ध में आल्हा तथा ऊदल ने अद्‌भुत पराक्रम का प्रदर्शन किया। उनकी वीरता के किस्से विगत सैंकड़ों सालों से मध्यभारत के गांवों में लोकगीतों के रूप में गाए जाते हैं। भारतीय संस्कृति में आल्हा की गणना सप्त चिरंजीवियों में की जाती है।

आल्हा-ऊदल के सम्बन्ध में प्रचलित सैंकड़ों लोक मान्यताओं का आधार राजा जगनिक द्वारा रचित आल्ह खण्ड अर्थात् परमाल रासो तो है ही, साथ ही पिछली नौ शताब्दियों में विभिन्न विधाओं के लोककलाकारों, भाण्डों, गायकों आदि द्वारा बनाए गए नाटकों, गीतों एवं लोकाख्यानों के द्वारा आल्हा-ऊदल का एक अलग ही व्यक्तित्व गढ़ लिया गया है। बुंदेलखण्ड के लोकमानस में आल्हा को महाभारत के धर्मराज युधिष्ठिर का तथा ऊदल को वीर अर्जुन का रूप माना जाता है।

आल्ह-खण्ड में वर्णित 52 लड़ाइयों में से प्रत्येक लड़ाई में आल्हा की चमकती हुई तलवार, पाठक अथवा श्रोता को चमत्कृत करती है। आल्हा की तलवार में सर्वनाश करने की शक्ति है किंतु वह उस शक्ति का प्रयोग नहीं करता।

ऊदल का वास्तविक नाम उदयसिंह था, उसने अपनी मातृभूमि अर्थात् महोबा राज्य की रक्षा हेतु पृथ्वीराज चौहान की सेना से युद्ध करते हुए वीरगति पाई। यद्यपि भारत में सम्पूर्ण धरती को माता मानने तथा आसेतु हिमालय को राष्ट्र मानने की अवधारणा ऋग्वैदिक काल से ही चली आई है तथापि मध्यकाल में मातृभूमि तथा राष्ट्र का आशय एक राजा द्वारा शासित उस छोटे से राज्य से होता था जिसमें कोई व्यक्ति निवास करता था।

यद्यपि चंदेल-चौहान संघर्ष में राजा पृथ्वीराज चौहान की विजय हुई थी तथापि आल्हा-ऊदल द्वारा किए गए असीम शौर्य-प्रदर्शन के कारण आल्हा-ऊदल लोकाख्यानों के महानायक बन गए। बड़े भाई आल्हा तथा छोटे भाई ऊदल को लोकमानस में महानायकत्व की प्राप्ति जगनेर के राजा जगनिक द्वारा रचित आल्ह-खण्ड नामक एक काव्य-ग्रंथ से मिली जिसे परमाल रासो भी कहा जाता है।

यह मूलतः एक मौखिक महाकाव्य है जिसकी कहानी पृथ्वीराज रासो और भाव पुराण नामक ग्रंथ की मध्यकालीन पांडुलिपियों में पाई जाती है। आल्हखण्ड को कलियुग का महाभारत भी कहा गया है। कुछ लोगों का कहना है कि यह काव्य बुंदेलखण्ड में केवल मौखिक परम्परा से ही जीवित रहा जिसे ब्रिटिश शासन काल में एक अंग्रेज कलक्टर इलियट ने लिपिबद्ध करवाया।

इस ग्रंथ में आल्हा-ऊदल के द्वारा लड़ी गई 52 लड़ाइयों की गाथाओं का वर्णन है। राजा जगनिक वर्तमान उत्तर प्रदेश के आगरा जिले में स्थित जगनेर का शासक था और आल्हा-ऊदल का मामा था। कुछ ग्रंथों में आल्ह-खण्ड के रचयिता जगनिक को राजा परमार्दी का दरबारी कवि बताया गया है।

आल्हखण्ड में ऐतिहासिकता कम और साहित्यिकता अधिक है। फिर भी लोक मानस में इस ग्रंथ के कथानक को सत्य माना जाता है। पृथ्वीराज चौहान को पराजित माना जाता है तथा आल्हा को युद्ध का विजेता एवं सप्तचिरंजीवी माना जाता है। आल्ह-खण्ड में आल्हा-ऊदल की प्रशंसा में कहा गया है-

बड़े लड़य्या महुबे वाले जिनकी मार सही न जाए।
एक के मारे दुई मरि जावैं तीसर खौफ खाय मरि जाए।।

आल्हा गायकी की कई शैलियां हैं जिनमें बैसवारी शैली प्रमुख है। यह एकल गायन की शैली है। अन्य साथी वाद्यों पर संगत करते हैं। गायन अत्यधिक ओजपूर्ण होता है। गायक किसी बहादुर योद्धा की वेशभूषा में हाथ में तलवार लेकर आल्हा गाते हैं।

आल्हा और ऊदल, चंदेल राजा परमल के सेनापति दसराज के पुत्र थे। सेनापति दसराज का जन्म बनाफर वंश में हुआ था जो प्राचीन अहीर क्षत्रिय वंश की एक शाखा थी। कुछ ग्रंथों में कहा गया है कि बनाफर एक वनवासी जाति थी। इस वनवासी समुदाय के लड़ाकों ने राजा पृथ्वीराज चौहान और माहिल जैसे प्रसिद्ध राजपूतों के विरुद्ध लड़ाईयाँ लड़ी थीं।

भाव पुराण नामक ग्रंथ के अनुसार आल्हा की माता, देवकी, अहीर जाति की थी। कुछ ग्रंथों में कहा गया है कि उरई का राजा माहिल आल्हा-उदल का शत्रु था, जिसने कहा था कि आल्हा अलग परिवार से आया है क्योंकि उसकी माँ एक आर्य-आभिरी अर्थात् आर्यन अहीर है।

माहिल के कहने पर राजा परमारदी देव ने आल्हा-ऊदल को अपने राज्य से बाहर निकाल दिया था। इस कारण जिस समय राजा पृथ्वीराज ने महोबा पर आक्रमण किया, उस समय आल्हा-ऊदल चंदेलों का राज्य छोड़कर कन्नौज की राजसभा में रहा करते थे किंतु जब उन्होंने सुना कि पृथ्वीराज चौहान ने उनकी मातृभूमि पर आक्रमण किया है तो वे कन्नौज से महोबा आ गए और उन्होंने राजा पृथ्वीराज के विरुद्ध भयानक युद्ध लड़ा।

आल्हा के शौर्य की प्रशंसा में आल्ह-खण्ड में कहा गया है-

बुंदेलखंड की सुनो कहानी बुंदेलों की बानी में
पानीदार यहाँ का घोड़ा, आग यहाँ के पानी में
पन-पन, पन-पन तीर बोलत हैं, रन में दपक-दप बोले तलवार
जा दिन जनम लिओ आल्हा ने, धरती धंसी अढ़ाई हाथ।

❑❑❑

इक्कीस

राजा पृथ्वीराज चौहान ने राजकुमारी संयोगिता का हरण कर लिया!

जब पृथ्वीराज चौहान ने बुंदेलखण्ड पर विजय प्राप्त की तो पृथ्वीराज के राज्य की सीमाएं कन्नौज के गाहड़वालों से जा लगीं। जैसे पश्चिम में मुसलमान प्रांतपति चौहानों के शत्रु थे, वैसे ही उत्तर में जम्मू का राजा, दक्षिण में चौलुक्य शासक, पूर्व में चंदेल और उत्तर-पूर्व में गहड़वाल चौहानों के शत्रु थे। जब पृथ्वीराज चौहान ने नागों, भण्डानकों, चौलुक्यों तथा चंदेलों को परास्त कर दिया तो कन्नौज के शासक जयचंद के मन में चौहानराज के प्रति ईर्ष्या जागृत हुई। कुछ भाटों के अनुसार राजा अनंगपाल की एक पुत्री का विवाह अजमेर के राजा सोमेश्वर से हुआ जिससे पृथ्वीराज चौहान उत्पन्न हुआ जबकि अनंगपाल की दूसरी पुत्री का विवाह कन्नौज के राजा विजयपाल से हुआ जिसका पुत्र जयचन्द हुआ। इस प्रकार पृथ्वीराज चौहान और जयचन्द मौसेरे भाई थे।

इन भाटों के अनुसार चूंकि दिल्ली के राजा अनंगपाल के कोई पुत्र नहीं था इसलिए राजा जयचंद को आशा थी कि दिल्ली का राज्य जयचंद को मिलेगा किंतु राजा अनंगपाल तोमर ने दिल्ली का राज्य पृथ्वीराज चौहान को दे दिया। इसलिए जयचंद अपने मौसेरे भाई पृथ्वीराज चौहान से वैमनस्य रखने लगा और उसे नीचा दिखाने के अवसर खोजने लगा। पृथ्वीराज रासो के लेखक कवि चन्द बरदाई ने चौहान तथा गहड़वाल संघर्ष का कारण जयचंद की पुत्री संयोगिता को बताया है। रासो में दिए गए विवरण के अनुसार पृथ्वीराज चौहान स्वयं तो सुन्दर नहीं था किन्तु उसमें सौन्दर्य-बोध अच्छा था। उसने अनेक सुन्दर स्त्रियों से विवाह किये जो एक से बढ़ कर एक रमणीय थीं। पृथ्वीराज की वीरता के किस्से सुनकर जयचन्द की पुत्री संयोगिता ने पृथ्वीराज को मन ही मन अपना पति स्वीकार कर लिया। जब राजा जयचन्द ने संयोगिता के विवाह के लिये स्वयंवर का आयोजन किया तो पहले से ही चले आ रहे वैमनस्य के कारण राजा पृथ्वीराज चौहान को उसमें आमन्त्रित नहीं किया गया तथा उसे अपमानित करने के लिए उसकी लोहे की मूर्ति बनाकर स्वयंवर-शाला के बाहर द्वारपाल की जगह खड़ी कर दी गई।

राजकुमारी संयोगिता ने राजा पृथ्वीराज को संदेश भिजवाया कि वह पृथ्वीराज से ही विवाह करना चाहती है। इस पर राजा पृथ्वीराज अपने विश्वस्त अनुचरों के साथ वेष बदलकर कन्नौज पंहुचा। राजकुमारी संयोगिता ने अपने पिता के क्रोध की चिन्ता किये बिना, स्वयंवर की माला पृथ्वीराज की मूर्ति के गले में डाल दी। राजकुमारी को ऐसा करते देखकरर राजा पृथ्वीराज स्वयंवर-शाला से संयोगिता का हरण करके ले गया। कन्नौज की विशाल सेना उसका कुछ नहीं बिगाड़ सकी। पृथ्वीराज के विश्वस्त और पराक्रमी सामंत एवं सेनापति कन्नौज की सेना से लड़ते रहे ताकि राजा पृथ्वीराज संयोगिता को लेकर अजमेर पहुंच सके। पृथ्वीराज के बहुत से सामंत एवं सेनापति अपने स्वामी की रक्षा के लिए तिल-तिल कर कट मरे। राजा अपनी प्रेयसी को लेकर सुरक्षित रूप से अपनी राजधानी अजमेर पहुँच गया।

'पातसाहि का ब्यौरा' नामक ग्रंथ में पृथ्वीराज-संयोगिता प्रकरण इस प्रकार से दिया गया है- ***'तब राजा पृथ्वीराज संजोगता परणी। जहि राजा कैसा कुल सोला (16) सूरी का 100 हुआ। त्याके भरोसे परणी ल्याओ। लड़ाई सावता कही। पणी राजा जैचंद पूंगलो पूज्यो नहीं। संजोगता सरूप हुई। तहि के बसी राजा हुवो। सौ म्हैला ही मा रही। महीला पंदरा बारा ने नीसरियो नहीं।'***

अर्थात्- तब राजा पृथ्वीराज ने संयोगिता से विवाह किया। अपने वीर सामंतों के बल पर राजा पृथ्वीराज राजकुमारी संयोगिता को ब्याह लाया किंतु राजा जयचंद ने पृथ्वीराज को अपना जवांई नहीं माना। इस कारण दोनों पक्षों में युद्ध हुआ। चूंकि संयोगिता बहुत सुंदर थी, इसलिए राजा उसके वशीभूत हो गया और पंद्रह महीने तक अपने महल से बाहर नहीं निकला। प्रेम, बलिदान और शौर्य की इस प्रेम गाथा को पृथ्वीराज रासो में बहुत ही सुन्दर विधि से अंकित किया गया है। सुप्रसिद्ध उपन्यासकार आचार्य चतुरसेन ने अपने उपन्यास पूर्णाहुति में पृथ्वीराज रासो को आधार बनाकर इस प्रेमगाथा को बड़े सुन्दर तरीके से लिखा है।

आधुनिक इतिहासकारों रोमिला थापर, आर. एस. त्रिपाठी, गौरीशंकर हीराचंद ओझा आदि ने इस घटना के सत्य होने में संदेह किया है क्योंकि संयोगिता का वर्णन रम्भामंजरी नामक ग्रंथ तथा राजा जयचंद के शिलालेखों में नहीं मिलता। इन इतिहासकारों के अनुसार संयोगिता की कथा 16वीं सदी के किसी भाट की कल्पना मात्र है। दूसरी ओर सी. वी. वैद्य, डॉ. गोपीनाथ शर्मा तथा डा. दशरथ शर्मा आदि इतिहासकारों ने संयोगिता-हरण की घटना को सही माना है। रोमिला थापर आदि इतिहासकार इस आधार पर पृथ्वीराज-संयोगिता की कथा को गलत बताते हैं कि पृथ्वीराज की माता कर्पूरदेवी चेदिदेश की राजकुमारी थी न कि दिल्ली की, जबकि

भाटों और ख्यातों ने पृथ्वीराज को अनंगपाल का दौहित्र बताया है। यह सही है कि राजा पृथ्वीराज चौहान, अनंगपाल तोमर का दौहित्र नहीं था किंतु यह संभव है कि चेदिदेश के कलचुरी राजा अचलराज तथा दिल्ली के तोमर राजा अनंगपाल के बीच कोई वैवाहिक सम्बन्ध रहा होगा जिसके आधार पर पृथ्वीराज दिल्ली के अनंगपाल का दौहित्र लगता होगा।

दूसरी बात यह कि पृथ्वीराज अनंगपाल का दौहित्र नहीं था, इस आधार पर संयोगिता की कथा गलत सिद्ध नहीं होती है! यदि पृथ्वीराज और जयचंद मौसेरे भाई होते तो पृथ्वीराज संयोगिता का चाचा होता। ऐसी स्थिति में पृथ्वीराज द्वारा संयोगिता का हरण एक अनैतिक कार्य माना जाता। अतः पृथ्वीराज और जयचंद में कोई रक्त सम्बन्ध नहीं होने से संयोगिता-हरण में कोई बाधा ही नहीं थी। इसलिए राजा पृथ्वीराज चौहान द्वारा संयोगिता के हरण को काल्पनिक मानने का कोई आधार नहीं है। चूंकि पृथ्वीराज की रानी पद्मावती तथा रानी अजिया की कहानियों में पृथ्वीराज के साथ विवाह होने के प्रसंग में प्रेम-कथाओं का समावेश किया गया है, इसलिए संयोगिता-हरण के प्रसंग के ऐतिहासिक होने की संभावना बढ़ जाती है। पर्याप्त संभव है कि राजा पृथ्वीराज ने संयोगिता का हरण करके उससे विवाह किया, इसलिए चारण एवं भाट लेखकों ने पद्मावती एवं अजिया के प्रसंग में भी प्रेमकथा के रूपक गढ़ लिए!

सार रूप में कहा जा सकता है कि रोमिला थापर एवं उनके समर्थक इतिहासकारों ने राजा पृथ्वीराज चौहान द्वारा संयोगिता के हरण की कथा को बिना किसी पुष्ट आधार के गलत सिद्ध करने का प्रयास किया है। फिर भी इतना अवश्य है कि पृथ्वीराज रासो एवं अन्य भाट ग्रंथों में पृथ्वीराज एवं जयचंद की शत्रुता का जो कारण बताया गया है वह गलत है। दिल्ली तो अजमेर के चौहान शासक गूवक (द्वितीय) के पुत्र चंदनराज के समय से चौहानों के अधीन चल रही थी। चंदनराज ने तोमर राजा रुद्रपाल का वध करके दिल्ली को अपने अधीन किया था तथा दिल्ली पर चौहानों की तरफ से तोमर रुद्रपाल के वंशजों को सामंत नियुक्त किया था।

ईस्वी 1155 में विग्रहराज (चतुर्थ) ने दिल्ली के तोमर राजा अनंगपाल को परास्त करके दिल्ली को दुबारा से चौहानों के अधीन किया था। इसलिए राजा जयचंद का दिल्ली पर किसी भी तरह का दावा नहीं था। यह कुछ भाटों की कल्पना मात्र है कि राजा जयचंद को आशा थी कि राजा अनंगपाल जयचंद को अपना उत्तराधिकारी एवं दिल्ली का राजा बनाएगा।

❑❑❑

बाईस

भारत के राजा आपस में लड़ रहे थे और तुर्क भारत में घुसे आ रहे थे!

जिस समय राजा पृथ्वीराज चौहान, दक्षिण में चौलुक्यों, उत्तर में जम्मू एवं कांगड़ा के राजाओं, पूर्व में चंदेलों एवं उत्तर-पूर्व में गाहड़वालों से उलझा हुआ था, उस समय पश्चिम दिशा में अफगानिस्तान से आए तुर्क भारत में बड़ी तेजी से अपना विस्तार कर रहे थे। भारत में तुर्कों के आक्रमणों के इतिहास में प्रवेश करने से पहले हमें तुर्कों के इतिहास पर एक दृष्टि डालनी चाहिए।

तुर्कों के पूर्वज हूण थे तथा वे चीन की पश्मिोत्तर सीमा पर रहते थे। जब तुर्की कबीले चीन से निकलकर मध्य-एशिया में फैलने लगे तो उनमें शकों तथा ईरानियों के रक्त का भी मिश्रण हो गया।

जिस समय अरब में इस्लाम का उदय हुआ, उस समय तक तुर्क एक बर्बर जाति के रूप में संगठित थे तथा उनका सांस्कृतिक स्तर अत्यंत निम्न श्रेणी का था। वे खूंखार और लड़ाकू थे। युद्ध से उन्हें स्वाभाविक प्रेम था। जब अरब में इस्लाम

का प्रचार आरंभ हुआ तब बहुत से तुर्कों को पकड़ कर गुलाम बना लिया गया तथा उन्हें इस्लाम स्वीकार करने के लिये बाध्य किया गया।

लड़ाकू होने के कारण गुलाम तुर्कों को अरब के खलीफाओं का अंगरक्षक नियुक्त किया जाने लगा। बाद में वे खलीफा की सेना में उच्च्च पदों पर नियुक्त होने लगे। जब खलीफा निर्बल पड़ गये तो तुर्कों ने खलीफाओं से वास्तविक सत्ता छीन ली। खलीफा नाम-मात्र के शासक रह गये।

जब खलीफाओं की विलासिता के कारण इस्लाम के प्रसार का काम मंदा पड़ गया, तब तुर्क ही इस्लाम को दुनिया भर में फैलाने के लिये आगे बढ़े। 10वीं शताब्दी में तुर्कों ने बगदाद एवं बुखारा में अपने स्वामियों अर्थात् खलीफाओं के तख्ते पलट दिये।

ई.943 में तुर्की गुलाम अलप्तगीन ने मध्य-एशिया के अफगानिस्तान में स्थित गजनी नामक एक छोटे से दुर्ग पर अधिकार कर लिया जिसका निर्माण यदुवंशी भाटियों ने किया था।

इस प्रकार ई.943 में गजनी दुर्ग में तुर्कों के पहले स्वतंत्र राज्य की स्थापना हुई। ई.977 में अलप्तगीन का गुलाम एवं दामाद सुबुक्तगीन गजनी का शासक बना। सुबुक्तगीन का वंश गजनी वंश कहलाने लगा। गजनी से तुर्क, भारत की ओर आकर्षित हुए। भारत में इस्लाम का प्रसार इन्हीं तुर्कों ने किया। माना जाता है कि अरबवासी इस्लाम को अरब से कार्डोवा तक ले आये। ईरानियों ने उसे बगदाद तक पहुंचाया और तुर्क उसे दिल्ली ले आये।

सुबुक्तगीन ने एक विशाल सेना लेकर पंजाब के राजा जयपाल पर आक्रमण किया। जयपाल ने उससे संधि कर ली तथा उसे 50 हाथी देने का वचन दिया किंतु बाद में जयपाल ने संधि की शर्तों का पालन नहीं किया। इस पर सुबुक्तगीन ने भारत पर आक्रमण करके लमगान को लूट लिया। ई.997 में सुबुक्तगीन की मृत्यु हो गई।

सुबुक्तगीन के उत्तराधिकारी महमूद गजनवी ने गजनी के छोटे से राज्य को विशाल साम्राज्य में बदल दिया जिसकी सीमाएं लाहौर से बगदाद तथा सिंध से समरकंद विस्तृत थीं। गजनवी के भारत पर आक्रमणों की चर्चा हम इस धारावाहिक की अनेक कड़ियों में कर चुके हैं।

ई.1030 में महमूद गजनवी की मृत्यु हो गई किंतु उसके उत्तराधिकारी पंजाब के काफी बड़े हिस्से को अपने अधीन बनाये रखने में सफल रहे। ई.1115 में बहराम शाह गजनी का शासक हुआ। उसने 6 दिसम्बर 1118 को मुहम्मद बाहलीम को अपने हिन्दुस्तानी प्रान्तों का प्रान्तपति नियुक्त किया। ई.1119 में बाहलीम ने अपने सुल्तान बहरामशाह से विद्रोह करके स्वयं को स्वतंत्र शासक घोषित कर दिया।

तबकात-ए-नासिरी तथा तारीख-ए-फरिश्ता में लिखा है कि बाहलीम ने पंजाब से दक्षिण की ओर बढ़कर नागौर पर अधिकार कर लिया। उसने नागौर दुर्ग में कुछ निर्माण करवाया तथा अपनी स्थिति मजबूत की। उस समय नागौर चौहान शासक अजयराज के अधीन था जो कि पृथ्वीराज (प्रथम) का पुत्र था। राजा अजयराज चौहान को अपने कई क्षेत्र बहरामशाह तथा बाहलीम के हाथों खोने पड़े।

बाहलीम ने अपना खजाना और अपनी सेना नागौर में केन्द्रित कर लिये तथा यहाँ से वह आसपास के भू-भाग पर चढ़ाइयां करने लगा। छोटी-मोटी सफलताओं से बाहलीम के हौंसले बुलंद हो गये तथा उसने अपने स्वामी बहरामशाह पर चढ़ाई कर दी। बहरामशाह ने विशाल सेना लेकर बाहलीम का सामना किया। मुल्तान के निकट बाहलीम परास्त हो गया तथा अपने दस पुत्रों के साथ युद्धक्षेत्र छोड़कर भाग खड़ा हुआ। भागता हुआ बाहलीम अपने पुत्रों सहित दलदल में फंस गया और वह तथा उसके सभी साथी दलदल में मर गये।

बाहलीम से छुटकारा पाकर बहरामशाह ने इब्राहीम अलवी के पुत्र सालार हुसैन को अपने हिन्दुस्तानी प्रांतों का गवर्नर बनाया। इन प्रांतों में नागौर भी सम्मिलित था। आगे चलकर जब अजयराज चौहान का पुत्र अर्णोराज चौहान राज्य का स्वामी हुआ तब अर्णोराज ने सालार हुसैन को परास्त करके नागौर पुनः अपने अधीन कर लिया।

इस प्रकार तुर्क लड़ाके चीन से मध्य-एशिया और अफगानिस्तान होते हुए भारतीय क्षेत्रों को पददलित कर रहे थे किंतु भारतीय शासक संगठित होकर इन तुर्कों से लड़ने के स्थान पर एक दूसरे से लड़-कट कर मरे जा रहे थे।

यह भारत भूमि का दुर्भाग्य था कि इस काल में देश और राष्ट्र की परिभाषा केवल अपने स्वामी द्वारा शासित क्षेत्र में संकुचित थीं और धर्म का तात्पर्य अपने स्वामी के लिए लड़ते हुए मर जाने तक सीमित था।

❑❑❑

तेबीस

गुजरात के चौलुक्यों ने मुहम्मद गौरी में कसकर मार लगाई!

बारहवीं शताब्दी ईस्वी में अफगानिस्तान के गजनी नामक शहर में एक नवीन राजवंश का उदय हुआ जिसे गौर वंश कहा जाता है। गौर का पहाड़ी क्षेत्र गजनी और हेरात के बीच में स्थित है। गौर प्रदेश के निवासी गौरी कहे जाते हैं। ई.1173 में गयासुद्दीन गौरी ने स्थायी रूप से गजनी पर अधिकार कर लिया और अपने छोटे भाई शहाबुद्दीन गौरी को वहाँ का शासक नियुक्त किया। यही शहाबुद्दीन, भारत में मुहम्मद गौरी के नाम से जाना गया।

मुहम्मद गौरी ने ई.1175 से ई.1206 तक की अवधि में महमूद गजनवी की भांति भारत पर कई आक्रमण किये तथा और सम्पूर्ण उत्तर-पश्चिमी भारत को रौंद डाला। आधुनिक भारतीय इतिहासकारों ने भारत पर मुहम्मद गौरी द्वारा किए गए आक्रमणों के कई उद्देश्य बताए हैं। इतिहासकारों का मानना है कि मुहम्मद गौरी पंजाब के विभिन्न क्षेत्रों में शासन कर रहे महमूद गजनवी के वंश के अमीरों का नाश करना चाहता था ताकि भविष्य में मुहम्मद गौरी के साम्राज्य को कोई खतरा नहीं हो।

कुछ इतिहासकारों का मानना है कि मुहम्मद गौरी भारत में मुस्लिम साम्राज्य की स्थापना करके इतिहास में अपना नाम अमर करना चाहता था। वह भारत की असीम धन-दौलत को प्राप्त करना चाहता था। अनेक इतिहासकारों के अनुसार मुहम्मद गौरी कट्टर मुसलमान था, इसलिये वह भारत से बुतपरस्ती अर्थात् मूर्तिपूजा को समाप्त करना अपना परम कर्त्तव्य समझता था।

इस प्रकार मुहम्मद गौरी द्वारा भारत पर आक्रमण करने का कोई एक कारण नहीं था। फिर भी उसके आक्रमणों के पीछे के राजनीतिक, सांस्कृतिक एवं आर्थिक कारण बहुत स्पष्ट थे। इसलिए मुहम्मद गौरी अपने जीवन के 30 वर्षों तक इन्हीं उद्देश्यों की पूर्ति में लगा रहा।

बहुत से इतिहासकार कहते हैं कि मुहम्मद गौरी ने भारत में मुस्लिम सत्ता की नींव रखी किंतु वास्तविकता यह है कि मुहम्मद गौरी के भारत-आक्रमणों के बहुत पहले से सिंध, मुल्तान, पंजाब और नागौर आदि क्षेत्रों में छोटे-छोटे मुसलमान शासक शासन कर रहे थे।

जिस समय मुहम्मद गौरी ने भारत पर पहला आक्रमण किया, उस समय उत्तर भारत में चार प्रमुख हिन्दू राजा शासन कर रहे थे। इनमें से पहला था दिल्ली तथा अजमेर के चौहान राज्य का राजा पृथ्वीराज, दूसरा था कन्नौज के गहड़वाल राज्य का राजा जयचंद, तीसरा था बिहार के पाल वंश का राजा गोविंदपाल तथा चौथा था बंगाल में सेन वंश का राजा लक्ष्मण सेन।

इन समस्त राज्यों में परस्पर फूट थी तथा ये परस्पर संघर्षों में व्यस्त थे। पृथ्वीराज तथा जयचंद में वैमनस्य चरम पर था। दोनों राजा एक दूसरे को नीचा दिखाने का कोई अवसर हाथ से नहीं जाने देते थे। दक्षिण भारत भी बुरी तरह बिखरा हुआ था। गुजरात में चौलुक्य, देवगिरि में यादव, वारंगल में काकतीय, द्वारसमुद्र में होयसल तथा मदुरा में पाण्ड्य वंश का शासन था। ये भी परस्पर युद्ध करके एक दूसरे को नष्ट करके अपनी आनुवांशिक परम्परा निभा रहे थे।

सामाजिक दृष्टि से भी भारत की दशा बहुत शोचनीय थी। उचित राजकीय संरक्षण एवं उचित आध्यात्मिक पथ-प्रदर्शन के अभाव में समाज का नैतिक पतन हो रहा था। शत्रु से देश की रक्षा और युद्ध का समस्त भार राजपूत जाति पर था। शेष प्रजा इससे उदासीन थी। शासकों को विलासिता का घुन खाये जा रहा था। राष्ट्रीय उत्साह पूर्णतः विलुप्त था। कुछ शासकों में देश तथा धर्म के लिये मर-मिटने का उत्साह था किंतु वे परस्पर फूट का शिकार थे। स्त्रियों की सामाजिक दशा, उत्तर वैदिक काल की अपेक्षा काफी गिर चुकी थी।

यद्यपि महमूद गजनवी भारत की आर्थिक सम्पदा को बड़े स्तर पर लूटने में सफल रहा था तथापि कृषि, उद्योग एवं व्यापार की उन्नत अवस्था के कारण भारत फिर से संभल गया था। राजवंश फिर से धनी हो गये थे और जनता का जीवन साधारण होते हुए भी सुखी एवं समृद्ध था।

इस समय भारतीय समाज में हिन्दू धर्म के शैव तथा वैष्णव सम्प्रदाय का बोलबाला था और बौद्ध धर्म का लगभग नाश हो चुका था। जैन धर्म दक्षिण भारत तथा पश्चिम के मरुस्थल में जीवित था। सिंध, मुलतान तथा पंजाब में इस्लाम फैल गया था।

इस प्रकार देश की राजनीतिक, सामाजिक, आर्थिक तथा धार्मिक परिस्थतियां ऐसी नहीं थीं जिनके बल पर भारत, मुहम्मद गौरी जैसे दुर्दान्त आक्रांता का सामना कर सके। अत: गौर जैसे छोटे से गांव के रहने वाले मुहम्मद गौरी जैसे छोटे से लुटेरे का, गजनी जैसे गरीब राज्य से निकलकर भारत में चुपके से आ घुसना अधिक कठिन कार्य नहीं था।

मुहम्मद गौरी का भारत पर पहला आक्रमण ई.1175 में मुल्तान पर हुआ। मुल्तान पर उस समय शिया मुसलमान करमाथियों का शासन था। मुहम्मद गौरी ने उनको परास्त क़रके मुल्तान पर अधिकार कर लिया। उसी वर्ष गौरी ने ऊपरी सिंध के कच्छ क्षेत्र पर आक्रमण किया तथा उसे अपने अधिकार में ले लिया। चूंकि इसे मुसलमानों का आपसी मामला समझा गया इसलिए हिन्दू राजाओं द्वारा इस आक्रमण को कोई महत्व नहीं दिया गया।

मुहम्मद गौरी का भारत पर दूसरा आक्रमण ई.1178 में गुजरात के चौलुक्य राज्य पर हुआ जो उस समय एक धनी राज्य हुआ करता था। गुजरात पर इस समय मूलराज (द्वितीय) शासन कर रहा था। उसकी राजधानी अन्हिलवाड़ा थी। गौरी मुल्तान, क़च्छ और पश्चिमी राजपूताना में होकर आबू के निकट पहुंचा। वहाँ कयाद्रा गांव के निकट मूलराज (द्वितीय) की सेना से उसका युद्ध हुआ।

नाडौल का चौहान शासक कान्हड़देव, जालोर का चौहान शासक कीर्तिपाल और आबू का परमार शासक धारावर्ष भी अपनी सेनाएं लेकर चौलुक्यों की सहायता के लिए आ गए। इस कारण हिन्दुओं का पलड़ा भारी हो गया और इस युद्ध में मुहम्मद गौरी की सेना के बहुत से सैनिक मारे गए। मुहम्मद गौरी बुरी तरह परास्त हुआ। वह अपनी जान बचाकर रेगिस्तान के रास्ते फिर से अफगानिस्तान भाग गया। यह भारत के हिन्दू राजाओं से उसका पहला संघर्ष था और पहले ही संघर्ष में उसे पराजय का स्वाद चखने को मिला था।

चूंकि कुछ हिन्दू राजाओं द्वारा मुहम्मद गौरी को परास्त करके भगा दिया गया था, इसलिए भारत के अन्य हिन्दू राजाओं ने मुहम्मद गौरी को अब भी कोई बड़ी मुसीबत नहीं समझा और भारतीय हिन्दू राजा अपनी परस्पर लड़ाइयों में व्यस्त रहे।

❑❑❑

चौबीस

पंजाब के रास्ते भारत में घुस गया मुहम्मद गौरी!

ईस्वी 1178 में गुजरात के चौलुक्यों से मिली कड़ी पराजय के बाद मुहम्मद गौरी ने समझ लिया कि उसे भारत के हिन्दू राजाओं पर हाथ डालने से पहले भारत के मुस्लिम अमीरों को जीतना चाहिए ताकि वह भारत में पैर जमाता हुआ धीरे-धीरे आगे बढ़ सके। उन दिनों पंजाब में कई छोटे-छोटे मुस्लिम-अमीर शासन कर रहे थे जिन्हें महमूद गजनवी ने भारत में स्थापित किया था।

इसलिए मुहम्मद गौरी ने गुजरात को छोड़कर पंज़ाब के रास्ते भारत में घुसने की योजना बनाई। उस समय पेशावर पर गजनवी वंश का खुसरव मलिक शासन कर रहा था। गौरी ने ई.1179 में पेशावर पर आक्रमण करके पेशावर पर अधिकार कर लिया। ई.1181 में गौरी ने पंजाब पर दूसरा आक्रमण किया तथा स्यालकोट तक का प्रदेश जीत लिया।

ई.1182 में मुहम्मद गौरी ने भारत के निचले सिंध क्षेत्र पर आक्रमण करके देवल नामक राज्य को जीता तथा वहाँ के हिन्दू शासक को अपनी अधीनता स्वीकार करने पर विवश किया। ई.1185 में मुहम्मद गौरी ने तीसरा आक्रमण लाहौर पर किया तथा लाहौर तक का प्रदेश अपने राज्य में शामिल कर लिया।

इस प्रकार मुहम्मद गौरी गजनी से लेकर लाहौर तक के विशाल क्षेत्र का स्वामी बन गया। अब वह भारत के हिन्दू राजाओं की आंखों में आंखें डालकर बात कर सकता था। लाहौर पर अधिकार कर लेने के बाद मुहम्मद गौरी के राज्य की सीमा पंजाब के सरहिंद तक आ पहुंची थी जिसे मुस्लिम इतिहासकारों ने तबरहिंद कहा है।

सरहिंद का दुर्ग दिल्ली एवं अजमेर के चौहान शासक पृथ्वीराज (तृतीय) के साम्राज्य के अधीन था। मुहम्मद गौरी ने यहीं से चौहान साम्राज्य पर आक्रमण करने का निर्णय लिया। ई.1189 में मुहम्मद गौरी ने पृथ्वीराज चौहान के राज्य पर सीधा पहला आक्रमण किया तथा भटिण्डा के दुर्ग पर अधिकार कर लिया। उस समय भटिण्डा का दुर्ग चौहानों के अधीन था। पृथ्वीराज चौहान उस समय तो चुप बैठा

रहा किन्तु ई.1191 में जब मुहम्मद गौरी, तबरहिंद अर्थात् सरहिंद को जीतने के बाद आगे बढ़ा तो पृथ्वीराज ने करनाल जिले के तराइन के मैदान में उसका रास्ता रोका।

यह लड़ाई भारत के इतिहास में तराइन की प्रथम लड़ाई के नाम से जानी जाती है। अब तराइन को नराइन कहा जाने लगा है। फरिश्ता, निजामुद्दीन अहमद तथा लेनपूल आदि कुछ इतिहासकारों के अनुसार मुहम्मद गौरी एवं पृथ्वीराज चौहान के बीच ई.1191 एवं 1192 के युद्ध नारायण नामक स्थान पर लड़े गये जिसे तारावदी भी कहा जाता है।

समकालीन लेखक मिन्हाज उस सिराज द्वारा लिखित तबकात-इ-नासिरी में तराइन नाम दिया गया है। नारायन के स्थान पर तराइन अथवा तराइन के स्थान पर नारायन पाठ का यह अंतर पर्शियन लिपि की शिकस्ता ढंग की लेखनी के कारण हुआ है जिसमें पहले अक्षर के ऊपर कुछ बिंदुओं के अंतर के कारण तराइन का नाराइन अथवा नाराइन का तराइन हो जाता है। डॉ. ईश्वरी प्रसाद ने 'मिडाइवल इण्डिया' में लिखा है कि अधिकतर इतिहास में इसे नाराइन लिखा गया है जो कि गलत है। गांव का नाम तराइन है। यह थाणेश्वर एवं करनाल के बीच स्थित है। संभवत: यह त्रुटि पर्शियन लिपि के कारण हुई है।

युद्ध के मैदान में गौरी का सामना दिल्ली के राजा गोविंदराय तोमर से हुआ। मुहम्मद गौरी ने गोविंदराय पर अपना भाला फैंक कर मारा जिससे गोविंदराय के दो दांत बाहर निकल गये। गोविंदराय ने भी प्रत्युत्तर में अपना भाला गौरी पर देकर मारा। इस वार से गौरी बुरी तरह घायल हो गया और उसके प्राणों पर संकट आ खड़ा हुआ। यह देखकर मुहम्मद गौरी के सैनिक गौरी को युद्ध के मैदान से ले भागे। बची हुई फौज में भगदड़ मच गई। इसी भगदड़ का लाभ उठाकर मुहम्मद गौरी भी तराइन से बच निकलने में सफल हो गया। वह भागकर लाहौर पहुँचा तथा अपने घावों का उपचार करवाकर गजनी लौट गया।

राजा पृथ्वीराज ने आगे बढ़कर सरहिंद के दुर्ग पर फिर से अधिकार कर लिया तथा मुहम्मद गौरी के किलेदार काजी जियाउद्दीन को बंदी बनाकर अजमेर ले आया। काजी ने पृथ्वीराज चौहान से प्रार्थना की कि काजी का जीवन बख्श दिया जाए। इसके बदले में काजी, पृथ्वीराज चौहान को विपुल धन प्रदान करेगा। पृथ्वीराज को काजी पर दया आ गई तथा उसने काजी को मुक्त कर दिया। जियाउद्दीन काजी पृथ्वीराज चौहान को विपुल धन समर्पित करके गजनी लौट गया।

गजनी पहुँचने के बाद पूरे एक साल तक मुहम्मद गौरी अपनी सेना में वृद्धि करता रहा। उसने एक से एक खूनी दरिन्दा अपनी सेना में जमा किया। जब उसकी सेना में 1,20,000 सैनिक जमा हो गये तो ई.1192 में वह पुनः पृथ्वीराज से लड़ने के लिये अजमेर की ओर चल दिया।

पृथ्वीराज रासो के अनुसार पृथ्वीराज चौहान और मुहम्मद गौरी के बीच इक्कीस लड़ाइयाँ हुईं जिनमें चौहान विजयी रहे। हम्मीर महाकाव्य ने पृथ्वीराज द्वारा सात बार गौरी को परास्त किया जाना लिखा है। सिंघवी जैन ग्रंथ माला, पृथ्वीराज प्रबन्ध के संदर्भ से आठ बार हिन्दू-मुस्लिम संघर्ष का उल्लेख करता है। प्रबन्धकोष का लेखक बीस बार मुहम्मद गौरी को पृथ्वीराज द्वारा कैद करके मुक्त करना बताता है। सुर्जन चरित्र में इक्कीस बार और प्रबन्ध चिन्तामणि में तेबीस बार गौरी का हारना अंकित है।

इतने सारे विवरणों के आधार पर इतना अवश्य कहा जा सकता है कि मुहम्मद गौरी और पृथ्वीराज चौहान की सेनाओं के बीच कई बार संघर्ष हुआ। इन लड़ाइयों में से कुछ बहुत ही छोटी और कुछ अपेक्षाकृत बड़ी रही होंगी। उदाहरण के लिए समझा जा सकता है कि भारत एवं चीन के बीच 1962 के बड़े संघर्ष के बाद भी नाथू ला की लड़ाई, चाओ ला की लड़ाई, डोकलाम विवाद, गलवान घाटी की लड़ाई, पैनगोंग झील की झड़प आदि कई संघर्ष हो चुके हैं। इसी प्रकार मुहम्मद गौरी और पृथ्वीराज चौहान की सेनाओं में कई लड़ाइयाँ एवं झड़पें हुई होंगी जिनके बारे में अधिक जानकारी नहीं मिलती है।

पुष्ट ऐतिहासिक विवरणों के आधार पर यह निष्कर्ष निकाला जा सकता है कि मुहम्मद गौरी एवं सम्राट पृथ्वीराज चौहान के बीच सम्मुख युद्ध दो बार हुआ जिन्हें तराइन की पहली लड़ाई एवं तराइन की दूसरी लड़ाई के नाम से जाना जाता है।

❑❑❑

पच्चीस

लोकसाहित्य ने पृथ्वीराज चौहान को अत्यधिक महान् बनाने के प्रयास में उसका व्यक्तित्व विरूपति किया!

पिछले आलेख में हमने चर्चा की थी कि पृथ्वीराज रासो के अनुसार पृथ्वीराज चौहान और मुहम्मद गौरी के बीच इक्कीस लड़ाइयाँ हुईं जिनमें राजा पृथ्वीराज चौहान की सेनाएं विजयी रहीं। हम्मीर महाकाव्य ने पृथ्वीराज द्वारा सात बार गौरी को परास्त किया जाना लिखा है। पृथ्वीराज प्रबन्ध आठ बार हिन्दू-मुस्लिम संघर्ष का उल्लेख करता है। प्रबन्ध कोष बीस बार मुहम्मद गौरी को पृथ्वीराज द्वारा कैद करके मुक्त करना बताता है। सुर्जन चरित्र में इक्कीस बार और प्रबन्ध चिन्तामणि में तेबीस बार मुहम्मद गौरी का हारना अंकित है।

इन ग्रंथों के विवरणों के आधार पर भारत में यह सर्वमान्य धारणा प्रचलित हो गई है कि पृथ्वीराज चौहान ने मुहम्मद गौरी को इक्कीस बार युद्ध के मैदान में पकड़कर जीवित ही छोड़ दिया। किसी भी देश के युवकों के रक्त में भावनात्मक उबाल लाने के लिए यह बात अच्छी लगती है किंतु इसमें ऐतिहासिक सच्चाई प्रतीत नहीं होती है।

प्रबंधकोष के अतिरिक्त और कोई भी ग्रंथ राजा पृथ्वीराज चौहान द्वारा सुल्तान मुहम्मद गौरी को युद्ध के मैदान में जीवित ही पकड़कर छोड़ दिए जाने का उल्लेख

नहीं करता है। शेष ग्रंथ मुहम्मद गौरी की अनेक बार की पराजय का उल्लेख ही करते हैं। इनमें से तराइन के प्रथम युद्ध में हुई मुहम्मद गौरी की पराजय सर्वाधिक उल्लेखनीय है जिसमें मुहम्मद गौरी घायल होकर लाहौर भाग गया था तथा सरहिंद का किलेदार काजी जियाउद्दीन पृथ्वीराज चौहान द्वारा पकड़कर अजमेर लाया गया था। काजी से बहुत सारा धन लेकर उसे जीवित ही गजनी चले जाने की अनुमति दी गई थी।

संभवतः इन्हीं घटनाओं को तोड़-मरोड़कर पृथ्वीराज द्वारा मुहम्मद गौरी को इक्कीस बार पकड़ने और जीवित ही छोड़ देने की कथा प्रचलित हो गई। यह ठीक वैसा ही है जैसे कन्हैया लाल सेठिया द्वारा रचित कविता 'अरे घास री रोटी ही जद बन बिलावड़ो ले भाग्यो, नान्हो सो अमर्‍यो चीख पड़्यो राणा रो सोयो दुख जाग्यो!' के आधार पर साम्यवादी लेखकों ने यह कहना आरम्भ कर दिया कि हल्दीघाटी के युद्ध में महाराणा की पराजय हो गई थी और उनका परिवार घास की रोटी खाने पर विवश हो गया था। जबकि ये दोनों ही बातें गलत हैं।

प्रायः यह देखा गया है कि लोक-साहित्य एवं रूमानी कथाएं इतिहास पर हावी होकर उसे मिथक बना देते हैं और विरोधी पक्ष उस मिथक के आधार पर इतिहास के वास्तविक तथ्यों को भी नकारने की हिम्मत जुटा लेता है। सम्राट पृथ्वीराज चौहान और मुहम्मद गौरी के मामले में भी यही हुआ है।

राजा पृथ्वीराज सम्बन्धी लोकसाहित्य ने ऐतिहासिक तथ्यों को विरूपित करके ऐसा घनघोर वितण्डा मचाया है कि राजा पृथ्वीराज चौहान का सम्पूर्ण व्यक्तित्व ही बदल गया है। भारत का एक महान् राजा इस साहित्य के कारण साम्यवादियों द्वारा मूर्ख घोषित कर दिया गया है जो हाथ आए शत्रु को नष्ट करने की बजाय बार-बार उसे जीवित छोड़ देता है तथा अंत में उसी के हाथों मार दिया जाता है।

कोई सामान्य व्यक्ति भी अपने शत्रु को बीस-इक्कीस बार जीवित नहीं छोड़ेगा, फिर पृथ्वीराज तो इतने बड़े साम्राज्य का स्वामी था! वह ऐसी भूल कैसे कर सकता था? उसे भी राजनीति के अर्थ समझ में आते होंगे और उसे भी अपने शत्रुओं को मारना आता होगा!

मुहम्मद गौरी और पृथ्वीराज चौहान के बीच की दो ही लड़ाइयाँ प्रमुख हैं, जिनमें से पहली लड़ाई ई.1189 में हुई तराइन की पहली लड़ाई है तथा दूसरी लड़ाई ई.1192 में हुई तराइन की दूसरी लड़ाई है।

तबकात-ए-नासिरी में लिखा है कि गौरी को कन्नौज के राजा जयचंद तथा जम्मू के विजयपाल द्वारा सैन्य सहायता उपलब्ध करवाई गई। तबकात-ए-नासिरी के इस कथन की पुष्टि किसी भी अन्य ग्रंथ से नहीं होती कि राजा जयचंद ने इस युद्ध में मुहम्मद गौरी की सहायता की थी।

अजमेर का विश्वसनीय इतिहास लिखने वाले सुप्रसिद्ध समाज सुधारक हरबिलास शारदा के अनुसार कन्नौज के गाहड़ावालों तथा गुजरात के चौलुक्यों ने एक साथ षड़यंत्र करके पृथ्वीराज चौहान पर आक्रमण करने के लिये शहाबुद्दीन गौरी को आमंत्रित किया। हरबिलास शारदा विद्वान व्यक्ति थे तथा उन्होंने जो कुछ भी लिखा, उसका कुछ न कुछ आधार अवश्य रहा होगा फिर भी उनका यह कथन कि गुजरात के चौलुक्यों एवं कन्नौज के गाहड़वालों ने एक साथ षड़यंत्र करके मुहम्मद गौरी को पृथ्वीराज पर आक्रमण करने के लिए आमंत्रित किया, नितांत गलत जान पड़ता है!

अन्हिलवाड़ा के चौलुक्य जितने बड़े शत्रु चौहानों के थे, उससे कहीं अधिक बड़े शत्रु गजनी और गोर से आए मुस्लिम आक्रांताओं के थे। ऐसा होने के कारण भी सुस्पष्ट थे। महमूद गजनवी ने सोमनाथ भंग करके गुजरात को बहुत हानि पहुंचाई थी तथा स्वयं मुहम्मद गौरी ने भी कुछ वर्ष पहले गुजरात पर आक्रमण करके उसे क्षति पहुंचाने का प्रयास किया था। इसलिए ऐसा संभव नहीं था कि गुजरात के चौलुक्य अपने स्वधर्मी शत्रु को नष्ट करने के लिए विधर्मी शत्रु के साथ मिल जाते!

जम्मू का राजा विजयपाल तो तराइन के दूसरे युद्ध में मुहम्मद गौरी की तरफ से लड़ता हुआ पृथ्वीराज चौहान के किसी सामंत के हाथों युद्ध क्षेत्र में ही मारा गया था। अतः वह इस युद्ध में पृथ्वीराज के विरुद्ध कैसे सहायता पहुंचा सकता था! अवश्य ही जम्मू के मृत राजा का कोई पुत्र गौरी की तरफ से लड़ने के लिए आया होगा!

उपरोक्त तथ्यों के आधार पर यह कहा जा सकता है कि जब ई.1192 में मुहम्मद गौरी भारत पर आक्रमण करने आया तो उसके साथ भारत की कुछ शक्तियाँ भी हो गईं जिनमें पंजाब क्षेत्र के समस्त मुस्लिम अमीर तो थे ही, उनके साथ ही जम्मू का हिन्दू राजा और पृथ्वीराज चौहान के अपने सामंत भी शामिल थे किंतु पर्याप्त साक्ष्यों के अभाव के कारण गुजरात के चौलुक्यों पर यह आक्षेप नहीं लगाया जा सकता। जयचंद गाहड़वाल के प्रकरण पर हम अगले आलेख में चर्चा करेंगे।

❑❑❑

छब्बीस

गद्दार नहीं था राजा जयचंद गाहड़वाल!

भारतीय जनमानस में यह धारणा गहराई तक पैठ गई है कि राजा जयचंद गाहड़वाल ने राजा पृथ्वीराज चौहान से अपनी पुरानी शत्रुता का बदला लेने के लिए ई.1192 में गजनी के शासक मुहम्मद गौरी को भारत पर आक्रमण करने के लिए आमंत्रित किया था। इस धारणा का मुख्य आधार मिनाहाजुद्दीन सिराज द्वारा लिखी गई पुस्तक तबकाते नासिरी है। मिनहाजुद्दीन सिराज दिल्ली का काजी था। वह ई.1246 से 1266 तक दिल्ली के सुल्तान रहे नासिरुद्दीन महमूद का समकालीन था। उसने लिखा है कि गौरी को कन्नौज के राजा जयचंद तथा जम्मू के विजयपाल द्वारा सैन्य सहायता उपलब्ध करवाई गई। तबकात ए नासिरी के इस कथन की पुष्टि पृथ्वीराज रासो आदि किसी भी अन्य ग्रंथ से नहीं होती कि राजा जयचंद ने इस युद्ध में मुहम्मद गौरी की सहायता की थी।

किसी भी समकालीन इतिहास ग्रंथ में तराइन के द्वितीय युद्ध में राजा जयचन्द गाहड़वाल की किसी भी तरह की भूमिका के बारे में कोई उल्लेख नहीं है। तबकात ए नासिरी के कथन को उद्धृत करके अजमेर के इतिहास लेखक हरबिलास शारदा ने इस समस्या को और बढ़ा दिया।

भाटों ने राजा पृथ्वीराज चौहान के द्वारा जयचन्द गाहड़वाल की पुत्री संयोगिता के प्रकरण को इतना बढ़ा-चढ़ा दिया कि यह एक स्थापित इतिहास बन गया कि पृथ्वीराज और जयचंद एक-दूसरे के जन्मजात शत्रु थे। हिन्दू राजाओं में राजकुमारियों के प्रेम-प्रसंग तथा राजाओं एवं राजकुमारों द्वारा उनके हरण के प्रसंग मिलते हैं।

ऐसे मामलों में दोनों पक्षों में प्राय: तात्कालिक युद्ध होता था किंतु जब राजकुमारी का विवाह हरण करने वाले राजा अथवा राजकुमार से हो जाता था, तब शत्रुता समाप्त कर दी जाती थी। कुछ भाटों के ग्रंथों में यह उल्लेख है कि संयोगिता हरण के पश्चात् राजा जयचंद की सेना राजा पृथ्वीराज के प्रमुख सामंतों को मारती हुई पाँचवे दिन पृथ्वीराज तक पहुंच गई किंतु जब राजा जयचन्द ने राजकुमारी संयोगिता को पृथ्वीराज के अश्व पर बैठे हुए देखा तो उसने अपनी सेना को पृथ्वीराज का पीछा करने से रोक दिया तथा अपनी सेना के साथ कन्नौज लौट गया।

भाटों के अनुसार जब राजा पृथ्वीराज संयोगिता के साथ दिल्ली पहुंच गया तब राजा जयचंद ने अपने पुरोहित दिल्ली भेजे, जहाँ विधि-विधान से पृथ्वीराज और संयोगिता का विवाह सम्पन्न हुआ। यदि भाटों के इस विवरण पर विश्वास कर लिया जाए तो स्पष्ट हो जाता है कि संयोगिता तथा पृथ्वीराज के विवाह के साथ पृथ्वीराज और जयचंद की शत्रुता समाप्त हो गई और जयचंद ने पृथ्वीराज से मित्रता का नहीं तो कम से कम तटस्थता का भाव अवश्य अपना लिया होगा किंतु अधिकांश भाट इन दोनों राजाओं के बीच शत्रुता का वर्णन अंत तक करते हैं, जो कि उचित जान नहीं पड़ता। तबकाते नासिरी को छोड़कर कोई भी ऐतिहासिक तथ्य यह नहीं कहता कि तराइन की दूसरी लड़ाई में जयचंद ने मुहम्मद गौरी की सहायता की थी।

कुछ लेखकों ने यह प्रश्न उठाया है कि यदि जयचंद गाहड़वाल, राजा पृथ्वीराज से शत्रुता नहीं मानता था तो पृथ्वीराज ने तराइन की दूसरी लड़ाई में अपने श्वसुर जयचंद से सहायता क्यों नहीं मांगी? इस प्रश्न का जवाब यह है कि पृथ्वीराज के लिए यह आवश्यक नहीं था कि वह जयचंद से सहायता मांगे! राजा पृथ्वीराज ने तो तराइन की पहली लड़ाई में भी जयचंद से सहायता नहीं मांगी थी।

यदि जयचन्द ने तराइन की दूसरी लड़ाई में मुहम्मद गौरी की सहायता की होती तो इस लड़ाई के एक साल बाद ही मुहम्मद गौरी जयचन्द पर आक्रमण क्यों करता? अतः भाटों का यह आरोप मिथ्या है कि जयचंद ने तराइन की दूसरी लड़ाई में मुहम्मद गौरी की सहायता की। पृथ्वीराज रासो में यह बात कहीं नहीं कही गई है कि जयचन्द ने गौरी को पृथ्वीराज पर आक्रमण करने के लिए आमंत्रित किया था। इसी प्रकार समकालीन फारसी ग्रन्थों में भी इस बात का संकेत तक नहीं है कि जयचन्द ने गौरी को आमन्त्रित किया था। राजा पृथ्वीराज चौहान के प्रति अटूट निष्ठा रखने वाले लोग भावावेश में इस कथन को दोहराते चले जाते हैं कि जयचंद ने देश से गद्दारी करके मुहम्मद गौरी को भारत पर आक्रमण करने के लिए आमंत्रित किया।

डॉ. आर. सी. मजूमदार ने अपनी पुस्तक एन्शिएंट इण्डिया में लिखा है- ***'इस कथन में कोई सत्यता नहीं है कि महाराज जयचंद ने पृथ्वीराज पर अक्रमण करने के लिए मोहम्मद गौरी को आमंत्रित किया हो।'***

जे. सी. पोवल ने अपनी पुस्तक हिस्ट्री ऑफ इण्डिया में लिखा है- ***'यह बात आधारहीन है कि महाराज जयचंद ने मोहम्मद गौरी को पृथ्वीराज पर आक्रमण करने के लिए आमंत्रित किया।'***

डॉ. रामशंकर त्रिपाठी ने लिखा है- *'जयचंद पर यह आरोप गलत है। समकालीन मुसलमान इतिहासकार इस बात पर पूर्णतः मौन है कि जयचंद ने ऐसा कोई निमंत्रण भेजा हो।'*

महेन्द्र नाथ मिश्र ने लिखा है- *'यह धारणा कि मुसलमानों को पृथ्वीराज पर चढ़ाई करने के लिए जयचंद ने आमंत्रित किया, निराधार है। उस समय के कतिपय ग्रन्थ प्राप्य हैं किन्तु किसी में भी इस बात का उल्लेख नहीं है। पृथ्वीराज विजय, हमीर महाकाव्य, रंभा मंजरी, प्रबंधकोश व किसी भी मुसलमान यात्री के वर्णन में ऐसा उल्लेख नहीं है। इतिहास इस बात का साक्षी है कि जयचंद ने चन्दावर में मोहम्मद गौरी से शौर्य पूर्ण युद्ध किया था।'*

इब्न नसीर ने अपनी पुस्तक कामिल-उल-तवारिख में लिखा है- *'यह बात नितांत असत्य है कि जयचंद ने शाहबुद्दीन को पृथ्वीराज पर आक्रमण करने के लिए आमंत्रित किया। शहाबुद्दीन अच्छी तरह जानता था कि जब तक उत्तर भारत में महाशक्तिशाली जयचंद को परास्त न किया जाएगा दिल्ली और अजमेर आदि भू-भागों पर किया गया अधिकार स्थायी नहीं होगा क्योंकि जयचंद के पूर्वजों ने और स्वयं जयचंद ने तुर्कों से अनेकों बार मोर्चा लेकर उन्हें हाराया था।'*

इतिहासकार स्मिथ ने अर्ली हिस्ट्री ऑफ इंडिया में जयचंद पर लगे इस आरोप का उल्लेख नहीं किया है। डॉ. राजबली पाण्डेय ने अपनी पुस्तक प्राचीन भारत में लिखा है- *'यह विश्वास कि गौरी को जयचंद ने पृथ्वीराज के विरुद्ध निमंत्रण दिया था, ठीक नहीं जान पड़ता क्योंकि मुसलमान लेखकों ने कहीं भी इसका उल्लेख नहीं किया है।'*

अतः हम कह सकते हैं कि केवल मिनहाजुद्दीन सिराज की तबकाते नासिरी को आधार बनाकर जयचंद को दोषी ठहराना इतिहास की एक बड़ी भूल है। मिनहाजुद्दीन सिराज दिल्ली के गुलाम सुल्तानों द्वारा नियुक्त शहर काजी था, उसने सुल्तानों को खुश करने के लिए यह बात लिखी है। उसकी बात का विश्वास नहीं किया जा सकता क्योंकि इसकी पुष्टि किसी भी अन्य स्रोत से नहीं होती है।

❑❑❑

सत्ताईस

मुहम्मद गौरी ने राजा पृथ्वीराज से संधि की आड़ में छल किया!

यद्यपि यह लगभग सिद्ध हो चुका है कि कन्नौज के गाहड़वालों तथा अन्हिलवाड़ा के चौलुक्यों ने ई.1192 में हुई तराइन की दूसरी लड़ाई में शहाबुद्दीन मुहम्मद गौरी का साथ नहीं दिया था, तथापि इस बात से इन्कार नहीं किया जा सकता कि पृथ्वीराज से असंतुष्ट कुछ भारतीय शक्तियाँ अवश्य ही मुहम्मद गौरी के साथ हो गई थीं। ये शक्तियाँ और कोई नहीं अपितु पृथ्वीराज चौहान के अपने मंत्री एवं सेनापति थे।

हम्मीर महाकाव्य, पृथ्वीराज रासो, तबकात ए नासिरी तथा राजस्थान थ्रू दी एजेज नामक ग्रंथों में लिखा है कि ई.1192 में जब मुहम्मद गौरी लाहौर पहुँचा तो उसने अपना एक दूत अजमेर भेजकर राजा पृथ्वीराज चौहान से कहलवाया कि वह इस्लाम स्वीकार कर ले और मुहम्मद गौरी की अधीनता मान ले।

इस पर राजा पृथ्वीराज चौहान ने मुहम्मद गौरी को प्रत्युत्तर भिजवाया कि वह गजनी लौट जाये अन्यथा उसकी भेंट युद्ध-स्थल में होगी। मुहम्मद गौरी, पृथ्वीराज को छल से जीतना चाहता था। इसलिये उसने अपना दूत दुबारा अजमेर भेजकर कहलवाया कि वह युद्ध की अपेक्षा सन्धि को अच्छा मानता है। इसलिये उसने इस सम्बन्ध में एक दूत अपने भाई के पास गजनी भेजा है। ज्योंही उसे गजनी से आदेश प्राप्त हो जायेंगे, वह स्वदेश लौट जायेगा तथा पंजाब, मुल्तान एवं सरहिंद को लेकर संतुष्ट हो जायेगा।

इस संधि-वार्ता ने राजा पृथ्वीराज को भुलावे में डाल दिया। वह थोड़ी सी सेना लेकर तराइन की ओर बढ़ा, बाकी सेना जो सेनापति स्कंद के साथ थी, वह राजा पृथ्वीराज के साथ न जा सकी। पृथ्वीराज का दूसरा सेनाध्यक्ष उदयराज भी समय पर अजमेर से रवाना नहीं हो सका। पृथ्वीराज का मंत्री सोमेश्वर जो इस युद्ध के पक्ष में नहीं था तथा एक बार पृथ्वीराज द्वारा दण्डित किया गया था, वह अजमेर से रवाना होकर शत्रु से जा मिला। जब पृथ्वीराज की सेना तराइन के मैदान में

पहुँची तो संधि-वार्ता के भ्रम में आनंद-मग्न हो गई तथा रात भर उत्सव मनाती रही। इसके विपरीत मुहम्मद गौरी ने पूरी रात युद्ध की तैयारी की। उसने शत्रु सैनिकों को भ्रम में डाले रखने के लिये अपने शिविर में रात भर आग जलाये रखी और अपने सैनिकों को शत्रुदल के चारों ओर घेरा डालने के लिये भेज दिया। ज्योंही प्रभात हुआ, राजपूत सैनिक शौचादि के लिये बिखर गये। ठीक इसी समय तुर्कों ने अजमेर की सेना पर आक्रमण कर दिया। इससे चारों ओर भगदड़ मच गई।

राजा पृथ्वीराज हाथी पर चढ़कर युद्ध करने आया किंतु अपने सैनिकों को अपने आसपास नहीं पाकर, अपने घोड़े पर बैठकर शत्रु दल से लड़ता हुआ मैदान से भाग निकला। कुछ ग्रंथों के अनुसार राजा पृथ्वीराज वर्तमान हरियाणा के सिरसा के आसपास मुहम्मद गौरी के सैनिकों के हाथ लग गया और मार दिया गया।

फरिश्ता ने लिखा है- ***'दिल्ली का राजा गोविंदराय तोमर और अनेक सामंत वीर योद्धाओं की भांति लड़ते हुए काम आये।'***

तराइन की पहली लड़ाई का अमर विजेता दिल्ली का राजा तोमर गोविन्दराज तथा चितौड़ का राजा गुहिल समरसिंह भी तराइन की दूसरी लड़ाई में काम आए। तुर्कों ने भागती हुई हिन्दू सेना का पीछा किया तथा उन्हें बिखेर दिया। राजा पृथ्वीराज का अंत कैसे हुआ, इस सम्बन्ध में अलग-अलग विवरण मिलते हैं।

पृथ्वीराज रासो में पृथ्वीराज का अंत गजनी में दिखाया गया है। इस विवरण के अनुसार राजा पृथ्वीराज पकड़ लिया गया और गजनी ले जाया गया जहाँ उसकी आंखें फोड़ दी गईं। पृथ्वीराज का बाल सखा और दरबारी कवि चन्द बरदाई भी पृथ्वीराज के साथ था जिसने पृथ्वीराज रासो की रचना की थी। चंद बदराई ने राजा पृथ्वीराज की मृत्यु निश्चित जानकर शत्रु के विनाश की योजना बनाई।

पृथ्वीराज रासो के अनुसार कवि चन्द बरदाई ने मुहम्मद गौरी से आग्रह किया कि आंखें फूट जाने पर भी राजा पृथ्वीराज शब्दबेधी निशाना साध कर लक्ष्य को बेध सकता है। मुहम्मद गौरी ने इस मनोरंजक दृश्य को देखने की इच्छा व्यक्त की तथा उसने एक विशाल आयोजन किया। गौरी ने एक ऊँचे मंच पर बैठकर अंधे राजा पृथ्वीराज को लक्ष्य वेधन करने का संकेत दिया। जैसे ही गौरी के अनुचर ने लक्ष्य पर शब्द उत्पन्न किया, कवि चन्द बरदाई ने यह दोहा पढ़ा-

चार बांस चौबीस गज, अंगुल अष्ट प्रमाण,

ता उपर सुल्तान है मत चूके चौहान।

इस दोहे में मुहम्मद गौरी के बैठने की स्थिति सूचित की गई थी। पृथ्वीराज रासो के अनुसार मुहम्मद गौरी की स्थिति का आकलन करके राजा पृथ्वीराज ने तीर छोड़ा जो मुहम्मद गौरी के कण्ठ में जाकर लगा और उसी क्षण उसके प्राण-पंखेरू उड़ गये। शत्रु का विनाश हुआ जानकर और उसके सैनिकों के हाथों में पड़कर अपमानजनक मृत्यु से बचने के लिए कवि चन्द बरदाई ने राजा पृथ्वीराज के पेट में अपनी कटार भौंक दी और अगले ही क्षण उसने वह कटार अपने पेट में भौंक ली। इस प्रकार दोनों अनन्य मित्र वीर-लोक को गमन कर गये। उस समय पृथ्वीराज की आयु मात्र 26 वर्ष थी।

माना जाता है कि जब चंद बरदाई वहीं पर मृत्यु को प्राप्त हो गया तो पृथ्वीराज रासो का शेष भाग उसके पुत्र ने पूरा किया। आधुनिक इतिहासकारों ने कवि पृथ्वीराज रासो के विवरण को सत्य नहीं माना है क्योंकि इस ग्रंथ के अतिरिक्त इस विवरण की पुष्टि और किसी समकालीन स्रोत से नहीं होती।

सासंद फूलनदेवी की हत्या के आरोप में तिहाड़ जेल में बंद शेरसिंह राणा ने वर्ष 2004 में तिहाड़ जेल से फरार होकर अफगानिस्तान जाने तथा वहाँ पृथ्वीराज चौहान की समाधि से उसकी अस्थियाँ निकालकर भारत लाने का दावा किया था। शेरसिंह ने इन अस्थियों को गाजियाबाद के निकट तिलखुआ में एक मंदिर बनवाकर उसमें रखा। शेरसिंह ने अपनी पुस्तक जेल-डायरी में इस बात का उल्लेख किया है।

शेरसिंह के अनुसार अफगानिस्तान में मुहम्मद गौरी की कब्र के निकट ही पृथ्वीराज चौहान की समाधि बनी है। कब्र देखने के लिए आने वालों के लिये यह अनिवार्य है कि वे पहले पृथ्वीराज चौहान की समाधि को जूते मारें, फिर कब्र के दर्शन करें। शेरसिंह द्वारा भारत लाई गई अस्थियों के सम्बन्ध में भारत सरकार ने शेरसिंह के किसी भी दावे की पुष्टि नहीं की है। यह ज्ञात करना तो असंभव है कि ये अस्थियाँ किस की हैं किंतु अस्थियों की कार्बन डेटिंग से उनके काल का पता चल सकता है और कम से कम इतना तो ज्ञात हो ही सकता है कि ये अस्थियाँ पृथ्वीराज के काल की हैं भी या नहीं!

❑❑❑

अट्ठाईस

मुहम्मद गौरी ने राजा पृथ्वीराज को अंधा करके पत्थरों से उसके प्राण ले लिए!

पिछले आलेख में हमने पृथ्वीराज रासो में दिए गए विवरण के आधार पर राजा पृथ्वीराज चौहान की गजनी में मृत्यु होने की चर्चा की थी किंतु अनेक मध्यकालीन एवं आधुनिक इतिहासकार पृथ्वीराज रासो के इस विवरण को सही नहीं मानते। हम्मीर महाकाव्य में पृथ्वीराज को कैद किए जाने और अंत में मरवा दिए जाने का उल्लेख है। विरुद्ध-विधि-विध्वंस में पृथ्वीराज का युद्ध स्थल में काम आना लिखा है। पृथ्वीराज प्रबन्ध का लेखक लिखता है कि विजयी शत्रु पृथ्वीराज को अजमेर ले आये और उसे एक महल में बंदी के रूप में रखा गया। इसी महल के सामने मुहम्मद गौरी अपना दरबार लगाया करता था जिसे देखकर पृथ्वीराज को बड़ा दुःख होता था।

पृथ्वीराज प्रबन्ध के अनुसार एक दिन राजा पृथ्वीराज ने अपने विश्वसनीय मंत्री प्रतापसिंह से धनुष-बाण लाकर देने को कहा ताकि पृथ्वीराज अपने शत्रु का अंत कर सके। पृथ्वीराज को ज्ञात नहीं था कि अन्य मंत्रियों एवं सेनापतियों की तरह मंत्री प्रतापसिंह भी शत्रु से मिला हुआ है। प्रतापसिंह ने राजा पृथ्वीराज को धनुष-बाण तो लाकर दे दिये किंतु इस बात की सूचना शहाबुद्दीन मुहम्मद गौरी को भी दे दी।

पृथ्वीराज प्रबन्ध के अनुसार राजा पृथ्वीराज की परीक्षा लेने के लिये सुल्तान शहाबुद्दीन मुहम्मद गौरी की मूर्ति एक स्थान पर रख दी गई जिसको पृथ्वीराज ने अपने बाण से तोड़ दिया। अंत में गौरी ने पृथ्वीराज को गड्ढे में फिंकवा दिया जहाँ पत्थरों की चोटों से उसका अंत कर दिया गया।

पृथ्वीराज चौहान के दो समसामयिक लेखक यूफी तथा हसन निजामी राजा पृथ्वीराज को कैद किये जाने का उल्लेख तो करते हैं किंतु निजामी यह भी लिखता है कि जब बंदी पृथ्वीराज जो इस्लाम का शत्रु था, सुल्तान के विरुद्ध षड़यंत्र करता हुआ पाया गया तो उसकी हत्या कर दी गई। हसन निजामी पृथ्वीराज की मृत्यु के

स्थान का उल्लेख नहीं करता। जबकि वह मुहम्मद गौरी के इस अभियान में मुहम्मद गौरी के साथ ही भारत आया था।

मिनहाज उस सिराज पृथ्वीराज के भाग जाने पर पकड़े जाने और फिर मरवाए जाने का उल्लेख करता है। फरिश्ता भी इसी कथन का अनुमोदन करता है। इलियट ने भी मिन्हाज उस सिराज तथा फरिश्ता द्वारा लिखे गए मत को स्वीकार किया है। अबुल फजल ने आइन-ए-अकबरी में लिखा है कि पृथ्वीराज को सुलतान गजनी ले गया जहाँ पृथ्वीराज की मृत्यु हो गई।

उपरोक्त सारे लेखकों में से केवल यूफी और हसन निजामी समसामयिक हैं, शेष लेखक बाद में हुए हैं किंतु यूफी और निजामी पृथ्वीराज के अंत के बारे में अधिक जानकारी नहीं देते। निजामी लिखता है कि पृथ्वीराज को कैद किया गया तथा किसी षड़्यंत्र में भाग लेने का दोषी पाये जाने पर मरवा दिया गया। यह विवरण पृथ्वीराज प्रबन्ध के विवरण से मेल खाता है।

समस्त लेखकों के विवरणों को पढ़ने के बाद यह अनुमान लगाया जा सकता है कि पृथ्वीराज को युद्ध क्षेत्र से पकड़कर अजमेर लाया गया तथा कुछ दिनों तक बंदी बनाकर रखने के बाद अजमेर में ही उसकी हत्या की गई। इस अनुमान की पुष्टि पृथ्वीराज चौहान के उन सिक्कों से भी होती है जिन्हें मुहम्मद गौरी ने एक तरफ अपने नाम का खुतबा लिखवाकर फिर से जारी करवाया। ऐसा एक सिक्का अजमेर से मिला है।

यह सिक्का अवश्य ही मुहम्मद गौरी द्वारा उस समय जारी किया गया होगा जिस समय राजा पृथ्वीराज जीवित था क्योंकि मृत राजा के सिक्के को अपने नाम के साथ फिर से जारी करने का कोई कारण नहीं बनता।

ई.1192 में चौहान सम्राट पृथ्वीराज (तृतीय) की मृत्यु के साथ ही भारत का इतिहास मध्यकाल में प्रवेश कर जाता है। इस समय भारत में दिल्ली, अजमेर तथा लाहौर प्रमुख राजनीतिक केन्द्र थे और ये तीनों ही मुहम्मद गौरी और उसके गवर्नरों के अधीन जा चुके थे।

चौहान शासक पृथ्वीराज (तृतीय) ने भारत पर चढ़कर आये मुहम्मद गौरी को कई बार छोटे-बड़े युद्धों में परास्त किया। पृथ्वीराज वीर तो था किंतु अदूरदर्शी भी था। तराइन की लड़ाई में उसने अपने हाथ में आये शत्रु को जीवित ही निकल जाने दिया। संभवतः राजा पृथ्वीराज इस्लामी आक्रमणों की शक्ति एवं उनकी गंभीरता को ठीक से नहीं समझ सका था।

यह राजा पृथ्वीराज की अदूरदर्शिता ही कही जाएगी कि उसने अपने स्वजातीय बंधुओं महोबा नरेश परमारदी चंदेल, कन्नौज नरेश जयचंद गाहड़वाल, अन्हिलवाड़ा नरेश भोला भीम, जम्मू नरेश विजयराज अथवा चक्रदेव आदि को अपना शत्रु बना लिया। उसका सेनापति स्कंद, मंत्री प्रतापसिंह एवं सोमेश्वर भी उसके प्रति समर्पित नहीं थे। इन सब कारणों से ई.1192 में पृथ्वीराज चौहान मुहम्मद गौरी के हाथों परास्त हुआ और अपमानजनक स्थितियों में मारा गया।

यदि पृथ्वीराज पर लगे अदूरदर्शिता के आक्षेप को अलग रख दिया जाए तो हम पाते हैं कि राजा पृथ्वीराज का जीवन शौर्य और वीरता की अनुपम कहानी है। वह वीर, विद्यानुरागी, विद्वानों का आश्रयदाता तथा प्रेम में प्राणों की बाजी लगा देने वाला राजा था। उसकी उज्जवल कीर्ति भारतीय इतिहास के गगन में ध्रुव नक्षत्र की भांति दैदीप्यमान है। आज सवा आठ सौ साल बाद भी वह कोटि-कोटि हिन्दुओं के हदय का सम्राट है।

उसे भारत का अन्तिम हिन्दू सम्राट भी कहा जाता है। उसके बाद इतना पराक्रमी हिन्दू राजा इस धरती पर नहीं हुआ। उसके दरबार में विद्वानों का एक बहुत बड़ा समूह रहता था। उसे छः भाषायें आती थीं तथा वह प्रतिदिन व्यायाम करता था। वह उदारमना तथा विराट व्यक्तित्व का स्वामी था।

चितौड़ का स्वामी समरसिंह राजा पृथ्वीराज चौहान का सच्चा मित्र, हितैषी और शुभचिंतक था। इसलिए समरसिंह ने पृथ्वीराज की तरफ से लड़ते हुए युद्धक्षेत्र में अपने प्राणों का बलिदान किया। राजा पृथ्वीराज का राज्य सतलज नदी से बेतवा तक तथा हिमालय के नीचे के भागों से लेकर आबू पर्वत तक विस्तृत था। जब तक संसार में शौर्य का अभिनंदन होता रहेगा, तब तक राजा पृथ्वीराज चौहान का नाम भी जीवित रहेगा।

जिनपलोदय, खतरगच्छ गौरवावली में लिखा है कि राजा पृथ्वीराज की सभा में धार्मिक एवं साहित्यक चर्चाएं होती थीं। उसके शासनकाल में अजमेर में खतरगच्छ के जैन आचार्य जिनपति सूरि तथा उपकेशगच्छ के आचार्य पद्मप्रभ के बीच शास्त्रार्थ हुआ।

ई.1190 में पृथ्वीराज चौहान के दरबारी कवि कश्मीरी पण्डित जयानक ने सुप्रसिद्ध ग्रंथ 'पृथ्वीराजविजय महाकाव्यम्' की रचना की। डा. दशरथ शर्मा के अनुसार, अपने गुणों के आधार पर पृथ्वीराज चौहान योग्य एवं रहस्यमय शासक था।

❑❑❑

उन्तीस

पृथ्वीराज चौहान की पराजय से उत्तर भारत में हा-हाकार मच गया!

राजा पृथ्वीराज चौहान की पराजय के बाद अजमेर, दिल्ली, हांसी, सिरसा, समाना तथा कोहराम के क्षेत्र मुहम्मद गौरी के अधीन हो गये। तराइन के युद्ध में पृथ्वीराज की हार से हिन्दू धर्म की बहुत हानि हुई। इस युद्ध में हजारों हिन्दू योद्धा मारे गये। चौहानों की शक्ति नष्ट हो गई। देश की अपार सम्पत्ति म्लेच्छों के हाथ लगी। उन्होंने पूरे देश में भय और आतंक का वातावरण बना दिया। हिन्दू राजाओं का मनोबल टूट गया। हजारों-लाखों ब्राह्मण मौत के घाट उतार दिये गये। लाखों स्त्रियों का सतीत्व भंग किया गया। मन्दिर एवम् पाठशालायें ध्वस्त करके अग्नि को समर्पित कर दी गईं। जैन साधु उत्तरी भारत छोड़कर नेपाल तथा तिब्बत आदि देशों को भाग गये। पूरे देश में हाहाकार मच गया और इतिहास ने भारत भूमि पर गुलामी का पहला अध्याय लिखा। इससे पहले भारत-भूमि के लोग 'गुलामी' शब्द से परिचित नहीं थे।

ई.1192 में शहाबुद्दीन मुहम्मद गौरी के साथ उसका दरबारी लेखक हसन निजामी भी गजनी से अजमेर आया था। उसने अपनी पुस्तक ताजुल मासिर में अजमेर नगर का वर्णन करते हुए लिखा है- ***'अजमेर के बागीचे सात रंगों से सजे हुए हैं। इसकी पहाड़ियाँ तथा जंगल का चेहरा चीन की प्रसिद्ध चित्रदीर्घा का स्मरण करवाता है। इसके उद्यानों के पुष्प इतनी सुगंध देते हैं मानो उन्हें स्वर्ग से धरती पर भेजा गया हो। प्रातःकाल की सुगंधित वायु, बागीचों में इत्र छिड़क देती है और पूर्व से आने वाली लहरियां ऐसी लगती हैं जैसे ऊद जलाई गई हो। जंगल के कपड़े सनबाल तथा बन्फशा के पुष्पों से सुगंधित रहते हैं। सुबह की श्वांस ऐसी आती है जैसे कपड़ों से गुलाब तथा पोस्त के पुष्पों की खुशबू आ रही हो। अजमेर की मिट्टी में तिब्बत के हिरणों की कस्तूरी की सुगंध है। अजमेर के मीठे पानी के फव्वारे स्वर्ग के फव्वारों से प्रतिस्पर्धा करते हैं। उनका जल इतना स्वच्छ है कि रात में भी फव्वारों के***

तले में डाला गया कंकर साफ दिखाई देता है। इन फव्वारों का जल सलसबिल के जल की तरह मीठा है और यह जीवन देने वाले जल के रूप में स्थित है। नगर तथा उसके चारों ओर का क्षेत्र बहुत सुंदर है। इसके वातावरण में हर ओर चमक तथा प्रकाश है। इसके पुष्पों में सौंदर्य एवं शुचिता है। इसकी वायु एवं धरती में शुचिता है। जल तथा वृक्ष प्रचुर मात्रा में हैं। यह अनवरत आनंद तथा विलास का स्थल है।'

अजमेर नगर का यह वर्णन मुहम्मद गौरी के दरबारी लेखक द्वारा किया गया है। इसलिए यह सहज ही अनुमान लगाया जा सकता है कि उन दिनों गजनी कितना निर्धन और गंदा दिखता होगा, इसी कारण गजनी से आए लोगों को अजमेर एक स्वर्ग जैसा दिखाई दिया! शहाबुद्दीन गौरी ने इस स्वर्ग को तोड़ दिया। उसकी सेनाओं ने अजमेर नगर में विध्वंसकारी ताण्डव किया। नगर में स्थित अनेक प्राचीनमन्दिर नष्ट कर दिये। बहुत से देव मंदिरों के खम्भों एवं मूर्तियों को तोड़ डाला।

अजमेर नगर में पृथ्वीराज चौहान के ताऊ विग्रहराज (चतुर्थ) अर्थात् वीसलदेव द्वारा निर्मित संस्कृत पाठशाला एवं सरस्वती मंदिर को भी तोड़ डाला गया तथा उसके एक हिस्से को मस्जिद में बदल दिया गया। यह भवन उस समय धरती पर स्थित सुंदरतम भवनों में से एक था किंतु इस विंध्वस के बाद यह भवन विस्मृति के गर्त में चला गया तथा छः सौ साल तक किसी ने इसकी सुधि नहीं ली। उन दिनों इसी शाला भवन के समान अजमेर में जैनियों का भव्य इन्द्रसेन मंदिर हुआ करता था। गौरी की सेनाओं ने उसे भी नष्ट कर दिया। शहाबुद्दीन गौरी ने अजमेर के प्रमुख व्यक्तियों को पकड़कर उनकी हत्या कर दी।

दिल्ली पर तुर्कों का शासन हो गया और दिल्ली सल्तनत का शासन आरंभ हुआ। गौरी ने चौहान साम्राज्य के छोटे-छोटे टुकड़े कर दिये। कुतुबुद्दीन ऐबक को दिल्ली का गवर्नर बनाया तथा भारत के समस्त मुस्लिम आधिपत्य वाले क्षेत्र उसके अधीन कर दिए। अजमेर तथा नागौर मुस्लिम सत्ता के प्रमुख केन्द्र बनाये गए। गौरी ने अमीर अली को नागौर का मुक्ति अर्थात् जागीरदार तथा हमीदुद्दीन नागौरी को नागौर का काजी अर्थात् न्यायाधीश नियुक्त किया।

भारत भूमि को ईक्ष्वाकु वंश से लेकर मौर्यों, गुप्तों तथा प्रतिहारों जैसे प्रतापी राजवंशों की अनुपम सेवायें प्राप्त हुईं। चौहानों ने भी कई शताब्दियों तक हिन्दू जाति की स्वतन्त्रता को बनाये रखा किन्तु दैववश ई.1192 में पृथ्वीराज चौहान परास्त हो गया। इससे हिन्दू जाति की स्वतन्त्रता नष्ट हो गई तथा भारत में मुस्लिम राज्य

स्थापित हो गया। मुहम्मद गौरी के दरबारी लेखक हसन निजामी ने अपनी पुस्तक ताज-उल-मासिर में लिखा है कि पृथ्वीराज को मारने के बाद शहाबुद्दीन गौरी ने पृथ्वीराज चौहान के अवयस्क पुत्र गोविन्दराज से विपुल कर धन लेकर गोविंदराज को अजमेर की गद्दी पर बैठा दिया। इसके बाद शहाबुद्दीन गौरी कुछ समय तक अजमेर में रहकर दिल्ली चला गया।

डॉ. दशरथ शर्मा तथा एडवर्ड थॉमस ने अजमेर से प्राप्त एक सिक्के का उल्लेख किया है जिसके एक तरफ पृथ्वीराज चौहान तथा दूसरी तरफ मुहम्मद बिन साम अंकित है। शहाबुद्दीन गौरी को ही मुहम्मद-बिन-साम कहते थे। यह सिक्का संभवतः उस समय का है जब शहाबुद्दीन अजमेर में था तथा राजा पृथ्वीराज जीवित था। इस मुद्रा की लिपि हिन्दी भाषा में है। यह सिक्का इस बात का द्योतक है कि मुहम्मद गौरी ने पृथ्वीराज के कुछ सिक्कों को जब्त करके उन पर दूसरी ओर अपना नाम अंकित करवाया तथा उन्हें फिर से जारी किया।

शहाबुद्दीन गौरी ने अजमेर से और भी कई सिक्के चलाये। उसके चलाये हुए सोने के सिक्कों पर एक ओर देवी लक्ष्मी की मूर्ति और दूसरी ओर नागरी लिपि में 'श्रीमहमद-विनि-साम' लिखा हुआ मिलता है। संभवतः यह भी राजा पृथ्वीराज अथवा उससे पूर्व के कसि चौहान राजा द्वारा जारी किया गया सिक्का था, इसी कारण इसके एक तरफ लक्ष्मीजी की मूर्ति है तथा दूसरी ओर मुहम्मद गौरी ने अपना नाम अंकित करवाया। मुहम्मद गौरी के अजमेर से मिले ताम्बे के सिक्कों पर एक ओर नंदी तथा त्रिशूल के साथ 'स्रीमहमद-साम' और दूसरी तरफ चौहानों के सिक्कों के समान 'स्रीहमीर' लेख है। नंदी एवं त्रिशूल वाला सिक्का संभवतः कोई पुराना सिक्का था जिसे मुहम्मद गौरी ने फिर से जारी किया जबकि दोनों तरफ लेख वाला सिक्का मुहम्मद गौरी से सम्बन्ध नहीं रखता!

गौरीशंकर हीराचंद ओझा ने 'स्रीहमीर' को 'श्री अमीर' पढ़ने की भूल की है। वस्तुतः इसका आशय रणथम्भौर के चौहान शासक हम्मीर से है जो राजा पृथ्वीराज चौहान का वंशज था और उसने मुहम्मद साम के सिक्के के दूसरी तरफ अपना नाम 'स्रीहमीर' अर्थात् 'श्री हम्मीर' उत्कीर्ण करवाया।

ई.1193 में मुहम्मद गौरी ने कन्नौज के राजा जयचंद पर आक्रमण करके उसे भी मार डाला तथा उसका राज्य नष्ट कर दिया। इससे कन्नौज तथा बदायूं आदि के क्षेत्र भी मुसलमानों के अधीन हो गए।

❑❑❑

तीस

अजमेर के राजपूतों से गजनी ने भयानक प्रतिशोध लिया!

कपितय हिन्दू एवं मुस्लिम ग्रंथों में उल्लेख मिलता है कि जब शहाबुद्दीन मुहम्मद गौरी, स्वर्गीय राजा पृथ्वीराज चौहान के पुत्र गोविंदराज चौहान को अजमेर की गद्दी पर बैठाकर पुनः दिल्ली लौटा तो एक बड़े चौहान मुखिया ने हांसी के निकट मुहम्मद गौरी का मार्ग रोका। ताजुल मासिर के लेखक हसन निजामी ने इस चौहान मुखिया का नाम नहीं लिखा है और न ही उसके सम्बन्ध में कुछ अन्य विवरण दिया है। हसन निजामी के अनुसार कुतुबुद्दीन ऐबक द्वारा इस चौहान मुखिया का वध किया गया। कुछ भाट-ग्रंथों में इस चौहान मुखिया को पृथ्वीराज का बड़ा पुत्र रेणसी बताया है जो इस युद्ध में मारा गया।

हम जानते हैं कि पृथ्वीराज के किसी भी पुत्र का नाम रेणसी नहीं था। अतः हांसी के निकट मुहम्मद गौरी का मार्ग रोकने वाला चौहान योद्धा पृथ्वीराज का पुत्र न होकर कोई और रहा होगा। संभवतः इस योद्धा का नाम रेणसी चौहान था जिसे भाटों ने पृथ्वीराज के पुत्र के रूप में प्रचारित कर दिया।

हसन निजामी तथा फरिश्ता ने लिखा है कि जब शहाबुद्दीन गौरी अपने विश्वसनीय गुलाम कुतबुद्दीन ऐबक को भारत में विजित क्षेत्रों का गवर्नर नियुक्त करके गजनी चला गया तब पृथ्वीराज चौहान के छोटे भाई हिराज ने अपने भतीजे

गोविन्दराज को अजमेर से मार भगाया तथा स्वयं अजमेर का राजा बन गया क्योंकि गोविंदराज ने मुसलमानों की अधीनता स्वीकार कर ली थी। वस्तुतः पृथ्वीराज के भाई का नाम हिराज नहीं था, हरिराज था।

इस घटनाक्रम के समय कुतुबद्दीन ऐबक, बनारस, कन्नौज तथा कोयल (वर्तमान में अलीगढ़) में उलझा हुआ था। इस कारण कुतुबुद्दीन ऐबक राजा गोविंदराज को कोई सहायता उपलब्ध नहीं करा सका। इसलिए गोविंदराज अजमेर का दुर्ग खाली करके रणथंभौर चला गया। जब गोविंदराज अजमेर से रणथंभौर चला गया तो उसके चाचा हरिराज ने अजमेर पर अधिकार कर लिया तथा एक सेना लेकर रणथंभौर को घेर लिया। इस पर गोविंदराज ने पुनः कुतुबुद्दीन ऐबक से सहायता मांगी। जब कुतुबुद्दीन की सेना गोविंदराज की सहायता के लिये आई तो हरिराज रणथम्भौर का घेरा उठाकर अजमेर चला आया। इस प्रकार स्वर्गीय राजा पृथ्वीराज चौहान का पुत्र गोविंदराज रणथंभौर में और भाई पृथ्वीराज का भाई हरिराज अजमेर में शासन करने लगा।

ई.1194 में हरिराज ने अपने सेनापति चतरराज को दिल्ली पर आक्रमण करने भेजा। कुतुबुद्दीन ऐबक ने चतरराज को परास्त कर दिया। चतरराज फिर से अजमेर लौट आया। कुतुबुद्दीन ऐबक ने चतरराज का पीछा किया तथा वह भी सेना लेकर अजमेर आ गया और उसने तारागढ़ घेर लिया। हरिराज ने आगे बढ़कर कुतुबुद्दीन पर आक्रमण किया किंतु हरिराज परास्त हो गया।

हम्मीर महाकाव्य के अनुसार अपनी पराजय निश्चित जानकर हरिराज और उसका सेनापति जैत्रसिंह, अपने स्त्री समूह सहित, जीवित ही अग्नि में प्रवेश कर गये। इस प्रकार ई.1195 में अजमेर पर फिर से मुसलमानों का अधिकार हो गया। कुतुबद्दीन ऐबक ने हरिराज की मृत्यु के बाद अजमेर, गोविंदराज को न सौंपकर एक मुस्लिम गवर्नर के अधीन कर दिया। चौहान साम्राज्य के पतन के बाद भी चौहान शासकों द्वारा स्थापित टकसाल, अजमेर में काम करती रही जहाँ से दिल्ली के सुल्तानों के नाम के सिक्के ढाले जाते रहे।

ई.1196 में कुतुबुद्दीन ऐबक दिल्ली का सुल्तान बना। कुतुबुद्दीन ऐबक ने सयैद हुसैन खनग सवार मीरन साहिब को अजमेर का दरोगा नियुक्त किया। इस प्रकार बारहवीं शताब्दी के अंत में अजमेर के चौहान नेपथ्य में चले गये। शाकंभरी राज्य लुप्त हो गया तथा स्वर्ग लोक से प्रतिस्पर्धा करने वाली उनकी राजधानी अजमेर का

गर्व भंग हो गया। फिर भी चौहानों ने अपना खोया हुआ राज्य फिर से प्राप्त करने के लिए कई सौ वर्षों तक मुसलमानों से लोहा लिया।

भले ही गढ़ बीठली पर मुसलमानों का शासन हो गया था तथापि गढ़ के बाहर बड़ी संख्या में राजपूत सैनिकों के परिवार रहते थे। ये लोग पीढ़ियों से इस स्थान पर रहते आए थे।

12 अप्रेल 1202 की रात में, तारागढ़ के आसपास रहने वाले राठौड़ों एवं चौहानों के एक समूह ने अजमेर दुर्ग पर आक्रमण किया। उनकी योजना थी कि दुर्ग में स्थित मुस्लिम दरोगा सैयद हुसैन मीरन को मारकर फिर से राजपूतों का शासन स्थापित किया जाये। राजपूतों एवं मुसलमानों के बीच रात के अंधेरे में भयानक युद्ध हुआ। इस युद्ध में दुर्ग के भीतर स्थित समस्त मुस्लिम सैनिकों को मार डाला गया। राजपूतों ने दरोगा सैयद हुसैन खनग सवार मीरन को भी मार डाला। इस प्रकार अजमेर दुर्ग एक बार फिर से हिन्दुओं के अधिकार में आ गया।

दुर्ग से भागे हुए मुस्लिम सिपाही जब यह समाचार लेकर दिल्ली पहुँचे तो कुतबुद्दीन ऐबक के होश उड़ गये। उसके पास इतनी शक्ति नहीं थी कि वह दुर्ग पर आक्रमण करके उसे फिर से अपने अधिकार में ले ले। उसने इस आक्रमण का प्रतिशोध लेने के लिये गजनी से सेना मंगवाई। गजनी से आई विशाल सेना ने राजपूतों से बीठली का दुर्ग फिर से छीन लिया तथा अजमेर में कत्लेआम किया। गजनी की सेना का यह प्रतिशोध बहुत भयानक था।

गजनी से आई सेना ने तारागढ़ में स्थित समस्त राजपूत सैनिकों को मारने के बाद दुर्ग के निकट रहने वाले राजपूत परिवारों को पकड़कर उनकी सुन्नत की और उन्हें मुसलमान बनाया। इस्लाम में परिवर्तित होने के बाद ये राजपूत परिवार तारागढ़ के निकट ही रहते रहे। बाद में इन्हें देशवाली मुसलमान कहा जाने लगा।

गजनी एवं गोर से आए मुसलमानों द्वारा इन्हें बहुत नीची दृष्टि से देखा जाता था। गजनी के मुसलमानों द्वारा देशवाली मुसलमानों को बराबर का स्तर नहीं दिया गया। उन्हें सेना में भी भर्ती नहीं किया जाता था। इसलिये देशवाली मुसलमान उपेक्षित जीवन जीने लगे और उनकी आर्थिक दशा दिन पर दिन गिरने लगी। इस प्रकार अजमेर में निर्धनता का बीजारोपण किया गया।

❑❑❑

इकत्तीस

कुछ ही वर्षों में विशाल चौहान साम्राज्य तुर्कों के अधीन हो गया!

पृथ्वीराज चौहान की मृत्यु के बाद देश का राजनीतिक, सामाजिक, धार्मिक एवं सांस्कृतिक परिदृश्य बहुत तेजी से बदलने लगा। हिन्दू राजा नेपथ्य में जाने लगे और दिल्ली सल्तनत का विस्तार होने लगा। सर्वाधिक हानि चौहान राज्य की हुई।

जिन चौहानों के भय से चंदेलों, गाहड़वालों तथा चौलुक्यों को नींद नहीं आती थी, जिन चौहानों की मित्रता के लिए प्रतिहार, परमार, तोमर एवं गुहिल लालायित रहते थे, जिन चौहानों ने अरब, सिंध, गजनी एवं गोर के आक्रांताओं को छः सौ वर्षों तक भारत भूमि से दूर रखा था, जिन चौहानों के राज्य में दिल्ली और हांसी छोटी सी जागीरों की हैसियत रखते थे, उन चौहानों ने अब अजमेर से दूर रहकर छोटे-छोटे राज्य स्थापित करने के प्रयास आरंभ कर दिये। उनकी शक्ति रणथंभौर, बूंदी, कोटा, नाडोल, जालोर, सिरोही तथा आबू के राज्यों में बँटती चली गई।

पृथ्वीराज चौहान के पुत्र गोविंदराज ने रणथंभौर की चौहान शाखा की नींव रखी। आगे चलकर इस वंश में हम्मीर चौहान नामक विख्यात राजा हुआ जो अपनी शरणागत वत्सलता, प्रण और वीरता के लिए प्रसिद्ध हुआ। उसने अल्लाउद्दीन के खेमे से भागकर आए हुए मुसलमानों की रक्षा के लिए अपने प्राणों का बलिदान दिया। बूंदी और कोटा के चौहान राज्य भी इसी गोविंदराज के वंशजों ने स्थापित किए। अकबर के समय में बूंदी और रणथंभौर के राज्य गोविंदराज के वंशज सुरजनराय के अधीन थे। सुरजनराय ने अकबर से इस शर्त पर संधि की कि बूंदी राज्य की राजकुमारियों के डोले कभी भी मुगलों के लिए नहीं भेजे जाएंगे।

नाडोल का चौहान राज्य पृथ्वीराज चौहान के पूर्वज चौहान राजकुमारों द्वारा स्थापित किया गया था। जालोर का चौहान राज्य इसी नाडौल राज्य के चौहान राजकुमारों द्वारा स्थापित किया गया था। जालोर के चौहानों द्वारा सिरोही, आबू एवं मण्डोर में अलग चौहान राज्यों की स्थापना की गई थी। जब इल्तुतमिश दिल्ली का सुल्तान हुआ तो उसने जालोर, मण्डोर तथा नाडोल के चौहानों को परास्त कर उनके

छोटे-छोटे राज्यों पर अधिकार कर लिया। दिल्ली के अगले प्रबल सुल्तान बलबन ने रणथंभौर एवं नागौर पर अधिकार करके लाहौर से रणथंभौर तक का भाग अपने अधीन कर लिया जिसकी राजधानी नागौर में रखी। इनमें से कुछ राज्यों ने स्वतंत्र होने का प्रयास किया किंतु अलाउद्दीन खिलजी ने रणथंभौर, चित्तौड़, सिवाना एवं जालौर पर अधिकार करके उन्हें फिर से दिल्ली सल्तनत के अधीन कर लिया। इस प्रकार कुछ ही वर्षों में सम्पूर्ण चौहान साम्राज्य मुसलमानों के अधीन चला गया।

ई.1192 में तराइन के मैदान में भारत के अंतिम हिन्दू सम्राट पृथ्वीराज चौहान की पराजय के बाद भारत ने जो राजनीतिक, सामाजिक, धार्मिक, सांस्कृतिक एवं आर्थिक स्वतन्त्रता खोई, वह ई.1947 में देश की राजनैतिक स्वतन्त्रता के बाद भी कुछ ही अंशों में पुनः प्राप्त की जा सकी और वह भी भारत के तीन टुकड़े होने के बाद। आज संवैधानिक रूप से देश हर तरह से स्वतंत्र है किंतु वास्तविकता यह है कि देश आज भी सांस्कृतिक स्वतंत्रता की प्रतीक्षा कर रहा है।

आर्थिक आजादी के नाम पर आरक्षण, सामाजिक आजादी के नाम पर ओबीसी वर्ग के उदय, दलित चेतना के विस्तार एवं स्त्री विमर्श के आंदोलन तथा धार्मिक आजादी के नाम पर धर्मनिरपेक्षता और अल्पसंख्यक वर्ग के सशक्तीकरण ने भारत वर्ष के भीतर ही भीतर खतरनाक टुकड़े कर रखे हैं। पूरा देश छोटी-छोटी सैंकड़ों जातियों में बंटा हुआ है तथा प्रत्येक जाति को लगता है कि उसका शोषण हो रहा है। कहने को पूरा देश एक है किंतु देश के नागरिकों में आरक्षण, जातिवाद एवं धर्मनिरपेक्षता के नाम पर मार-कूट मची हुई है। क्षेत्रीयता एवं भाषाई संकीर्णता भी जबर्दस्त है।

जिस दिन देश के लोग अपने स्वार्थों को छोड़कर नैसर्गिक प्रतिभा को सम्मान देंगे, अनुदान के लिए लाइनों में खड़े होने की बजाय अपने पुरुषार्थ से अर्जित धन को बढ़ाने पर पर ध्यान देंगे, सर्वे भवन्तु सुखिनः के मंत्र को अपनाएंगे, उसी दिन सम्राट पृथ्वीराज चौहान तथा उसके पूर्वजों द्वारा भारत वर्ष को महान् राष्ट्र बनाने के लिए देखा गया सपना साकार होगा। यही उन्हें हमारी ओर से सच्ची श्रद्धांजलि होगी।

हम आगे बढ़ें, अवश्य बढ़ें किंतु एक दूसरे को साथ लेकर बढ़ें। हमारी खुशी को देखकर दूसरे भी खुश हों, हमें ऐसा समाज चाहिए। एक दूसरे पर छींटाकशी करके और एक-दूसरे को पीछे छोड़कर हम खुश हों, हमें ऐसा समाज और देश नहीं चाहिए।

❑❑❑

चौहान इतिहास के प्राचीन संदर्भ ग्रंथ

मध्य-युगीन हिन्दू ग्रंथ

आल्हखण्ड (परमाल रासो), कान्हड़दे प्रबन्ध (पं. पद्मनाभ), पृथ्वीराज प्रबन्ध, पृथ्वीराज रासो (चंद बरदाई), पृथ्वीराज विजय महाकाव्यम् (जयानक), प्रबन्ध चिन्तामणि (मेरुतुंग), भाव पुराण, रंभा मंजरी, विरुद्ध-विधि-विध्वंस (पं. लक्ष्मीधर), शारंगधर पद्धति, सुर्जन चरित्र, हम्मीर महाकाव्य। ललितविग्रहराज नाटक (सोमदेव), हरकेलि नाटक (विग्रहराज)। मूथा नैणसी री ख्यात।

मध्य-युगीन जैन ग्रंथ

कर्पूरमंजरी (राजशेखर सूरि), कुमारपाल चरित (चरित्रसुंदर गणि), कुमारपाल चरित (जयसिंह सूरि), कुमारपाल प्रबन्ध (जिनमण्डनोपाध्याय), खतरगच्छ पट्टावली (जिनपलोपाध्याय आदि), विविध तीर्थकल्प (जिनप्रभ सूरि), द्वयाश्रयमहाकाव्य (हेमचंद्राचार्य), पुरातन प्रबंध संग्रह (जिनभद्र सूरि), प्रबन्धकोष (राजशेखर सूरि), वीसलदेव रासो (नरपति नाल्ह), सिंघवी जैन ग्रंथ माला, हम्मीरमद मर्दन (जयसिंहसूरि), हम्मीर महाकाव्यम् (नयनचंद्रसूरि)।

मध्य-युगीन मुस्लिम ग्रंथ

कामिल-उल-तवारिख (इब्न नसीर), ताज-उल-मासिर (हसन निजामी), तारीख-ए-फरिश्ता, तबकात-ए-नासिरी (मिनाहाज-उस-सिराज)।

आधुनिक काल के कतिपय प्रसिद्ध हिन्दी ग्रंथ

चौहान कुलकल्पद्रुम (लल्लूभाई देसाई), चौहान सम्राट पृथ्वीराज तृतीय और उनका युग (डॉ. दशरथ शर्मा), जालौर का राजनीतिक एवं सांस्कृतिक इतिहास (डॉ. मोहनलाल गुप्ता), राजपूताने का इतिहास (महामहोपाध्याय गौरीशंकर हीराचंद ओझा), वंश भास्कर (सूर्यमल मीसण), वीर विनोद (कविराजा श्यामलदास दधवाड़िया), सिरोही राज्य का इतिहास, (महामहोपाध्याय गौरीशंकर हीराचंद ओझा),

Some English Books of Modern Era

Ajmer Historical and Discriptive (Diwan Bahadur Har Vilas Sharda), Anals and Antiquities of Rajasthan (James Tod), Early Chouhan Dynasty (Dr. Dashrath Sharma), Prithvi Raj Chouhan and His Times (Ram Vallabh Somani), History of Chahmans (Dr. Ramvraksh Singh)

❑❑❑

श्री दीपकराव कुलकर्णी

श्री दीपक राव कुलकर्णी अब इस संसार में नहीं हैं। वे इतनी कम आयु में हमसे विदा ले लेंगे, इस बात पर आज भी विश्वास नहीं होता। उनका और मेरा केवल चार साल का साथ रहा। मैंने और उन्होंने ई.1980 से 84 तक दयानंद महाविद्यालय अजमेर से कृषि स्नातक की पढ़ाई की थी। मैं ठीक से बता नहीं सकता कि मेरी उनसे पहली भेंट कैसे हुई, वे बातें अब मस्तिष्क पटल से विस्मृत हो चुकी हैं। मैं जोधपुर से अजमेर पढ़ने के लिए गया था, मुझे एक ऐसे साथी की तलाश थी जो अजमेर में मेरे साथ किराये के कमरे में रह सके। संभवत: श्री दीपक भी ऐसे ही किसी साथी की खोज में थे। इसी आवश्यकता ने हमारे बीच योजक तत्व का काम किया और हम लगभग एक साल तक एक ही कमरे में रहे।

बाद में दीपक क्रिश्चयनगंज में अपने पिता के घर में रहने चले गए और मैं आदर्शनगर जाकर रहने लगा। कक्षा में हमारा साथ पूर्ववत् बना रहा। स्नातक की पढ़ाई के चार साल बहुत जल्दी बीत गए, उन्हें बीते हुए भी आज अड़तीस वर्ष हो गए किंतु ऐसा लगता है जैसे हम युगों से एक दूसरे के साथ ही रह रहे हैं। वे अत्यंत विनम्र, मृदु-भाषी, सरल-हृदय, स्नेही एवं सेवा-भावी व्यक्ति थे। अहंकार और क्रोध तो उन्हें छू भी नहीं सकते थे। ऐसे लोग धरती पर बहुत कम आते हैं।

मैं सदा से ही तुनक-मिजाज रहा हूँ किंतु वे बड़े धीरज वाले व्यक्ति थे। यही कारण था कि उनसे मेरा कभी झगड़ा नहीं हुआ, मन-मुटाव की कोई स्थिति नहीं बनी, परस्पर ईर्ष्या और द्वेष भी हमारे बीच कभी नहीं आया। कभी एक-दूसरे के प्रति शिकायत उत्पन्न नहीं हुई।

मेरे और श्री दीपक राव के स्वभाव में बहुत अंतर था। वे पढ़ाई को महत्व देते थे और मेरा मन पढ़ाई के अतिरिक्त सब जगह लगता था। वे कक्षा में नियमित जाते थे और पूरे समय बैठते थे, जबकि मुझे कक्षा के अतिरिक्त हर-कहीं देखा जा सकता था। वे मुझे पढ़ने के लिए प्रेरित करते किंतु मेरी प्रेरणाओं के स्रोत कहीं और मेरी प्रतीक्षा कर रहे होते थे! मैं उनकी एक न सुनता किंतु अपनी हर बात उनसे मनवा लेता था। वे चाय नहीं पीते थे, मैंने उन्हें चाय पीनी सिखाई। वे सिनेमा नहीं देखते थे, मैंने उन्हें सिनेमा देखने का चस्का लगाया। वे उपन्यास नहीं पढ़ते थे, मैंने उन्हें उपन्यासों और कविताओं की तरफ खींचा। मुझमें और उनमें केवल एक बात साम्य रखती थी, हम दोनों जमकर भोजन करते थे। बाद में जब कॉलेज छूट गया तो उन्होंने मेरी सिखाई सब बातें छोड़ दीं।

जब हम लोग अंतिम वर्ष में थे, तब मैं बहुत बीमार पड़ा। मेरा शरीर बुखार से बुरी तरह तपने लगा तो मैं आदर्शनगर से उनके पास क्रिश्चयन गंज चला गया। उन्होंने मेरी बड़ी सेवा की। यहाँ तक कि मैं उनके कमरे में कै कर देता, उसे भी वे बड़ी सहजता से साफ करते। मुझे संकोच होता किंतु वे मुझे दिलासा देते। जब मैं ठीक हो गया, तब ही उन्होंने मुझे अपनी बड़ी बहिन रजनी जीजी के यहाँ जाने दिया। इसे दुर्योग ही कहा जाएगा कि पुस्तक लिखे जाते समय रजनी जीजी भी इस असार संसार में नहीं हैं। उन्हें भी श्री दीपक के निधन के आसपास कोराना ने लील लिया।

पढ़ाई पूरी करके श्री दीपक अपने पैतृक शहर गुलबर्गा चले गए और मैं राजस्थान के विभिन्न नगरों में नौकरी करता घूमता रहा। हम दोनों में बहुत कम सम्पर्क रहा। फिर भी, कभी न कभी चिट्ठी-पत्री का व्यवहार बना रहा। मैंने उन्हें अपनी लिखी कुछ पुस्तकें भी भिजवाईं। बाद में जब सैलफोन आ गए तो श्री दीपक मुझे कभी-कभार टेलिफोन कर लेते। मैं अपनी व्यवस्तताओं के चलते उन्हें फोन नहीं कर पाता था किंतु उन्होंने इस बात की कभी शिकायत नहीं की।

आज से लगभग छः-सात साल पहले, हमारे कॉलेज के दिनों के सहपाठी श्री विजय पाण्डेय ने मुझे संदेश दिया कि श्री दीपक राव एवं उनका परिवार धार्मिक यात्रा पर कुछ कन्नड़ परिवारों के साथ पुष्कर आ रहा है। उन्होंने मिलने की इच्छा व्यक्त की है। इस पर मैं अपनी पत्नी के साथ पुष्कर गया। पुष्कर के किसी घाट पर हम दोनों गले मिले। श्री दीपक का परिवार भी उनके साथ था किंतु उनमें से किसी को हिन्दी बोलनी या समझनी नहीं आती थी। लगभग आधे घण्टे तक हम साथ रहे। इसके बाद वे अपने दल के साथ किसी दूसरे नगर के लिए रवाना हो गए। मैं भी उनसे बिछुड़ने की वेदना मन में लेकर जोधपुर लौट आया। फिर कभी मिलना नहीं हुआ।

एक दिन मैंने अचानक ही एक व्हाट्सैप ग्रुप पर दुखद समाचार पढ़ा कि श्री दीपक का कोरोना बीमारी से निधन हो गया। मैं विश्वास नहीं कर सका, ऐसा भी कहीं होता है! वे अभी साठ साल के भी नहीं हुए थे। यह संदेश श्री विजय पाण्डेय ने कई दिन पहले इस ग्रुप में लिखा था किंतु मैं देख नहीं सका था। श्री विजय पाण्डेय मेरे घर के पास ही रहते हैं। उन्हें श्री दीपक के निधन की सूचना काफी दिनों से थी किंतु उन्होंने मुझे यह सोचकर नहीं बताई कि मुझे दुःख होगा। मैंने यह पुस्तक उन्हीं विनम्र, मृदु-भाषी, सरल-हृदय, स्नेही एवं सेवा-भावी सहपाठी श्री दीपक राव कुलकर्णी को समर्पित की है। अजमेर ही हमारे बीच प्रथम योजक कड़ी बना था और आज भी अजमेर के सम्राट पृथ्वीराज चौहान का इतिहास हमारे बीच फिर से योजक कड़ी बन रहे हैं। ईश्वर श्री दीपक की आत्मा को शांति दे! ओम् शांति।

- डॉ. मोहनलाल गुप्ता